HEYNE BÜCHER

HEYNE KOCHBÜCHER

UTE RABE

Das Kochbuch für Eiweiß-Allergiker

Vollwertige Rezepte ohne Gluten, Milch- und Hühnereiweiß

Mit einem Vorwort
und einer medizinischen Einführung
von Dr. med. Jürgen Hintze

Originalausgabe

WILHELM HEYNE VERLAG
MÜNCHEN

HEYNE KOCHBUCH
07/4681

Printed in Germany 1995
Die Rezepte mit Sekowa-Backferment (Seite 138–141)
sind entnommen aus dem Buch von Ada Pokorny,
Backen von Brot und Gebäck aus allen sieben Getreidearten
mit Spezialbackferment. 3. Auflage 1989,
mit freundlicher Genehmigung durch den Arbeitskreis
für Ernährungsforschung, Bad Liebenzell
Das Glutenfrei-Symbol wurde übernommen mit freundlicher Genehmigung
der Deutschen Zöliakie-Gesellschaft e.V., Stuttgart
Umschlaggestaltung: Atelier Ingrid Schütz, München
Umschlagfoto: Ulla Mayer-Raichle, Kempten
Satz: Schaber Satz- und Datentechnik, Wels
Druck und Bindung: RMO-Druck, München

ISBN 3-453-08720-8

INHALT

REZEPTTEIL

Wichtiger Hinweis

Verlag und Autoren haben die Angaben in diesem Buch nach bestem Wissen und Gewissen geprüft. Es ist jedoch unmöglich, verbindliche Aussagen zu allen auf dem Markt befindlichen Lebensmitteln zu machen. So besteht die Möglichkeit, daß die Produkte einzelner Hersteller in der Zusammensetzung von den allgemein getroffenen Angaben abweichen. Die Aussagen zu bestimmten Marken stammen vom Hersteller bzw. Vertreiber, der dafür verantwortlich ist. Sie wurden in den Jahren 1994 und 1995 zusammengetragen und gelten vorbehaltlich etwaiger Rezepturänderungen.
Verlag und Autoren können **keine Garantie** für die Angaben zur Zusammensetzung von Lebensmitteln übernehmen. Eine Haftung ist ausgeschlossen.

Wo nicht anders angegeben, sind die Rezepte für 4 Personen berechnet.

Abkürzungen und Erklärungen:

EL	=	Eßlöffel
TL	=	Teelöffel
Msp	=	Messerspitze
g	=	Gramm
l	=	Liter
ml	=	Milliliter ($^{1}/_{1000}$ l), 1 g
1 Tasse	=	$^{1}/_{8}$ l, also eine normale Teetasse

Die bei den Rezepten angegebenen Symbole bedeuten:

 ohne Gluten

 ohne Ei

 ohne Milch

Für Doc

Mein Dank gilt allen,
die mir bei der Fertigstellung des Buches
mit Rat und Tat zur Seite gestanden haben

Das Anliegen dieses Buches

Sie kommen vom Arzt mit der Empfehlung, bestimmte Lebensmittel zu meiden. Möglicherweise haben Sie eine lange Odyssee durch die Praxen verschiedener Spezialisten hinter sich und sind froh, endlich den Grund für Ihre rätselhaften Beschwerden gefunden zu haben. Nun ist alles ganz leicht: Sie müssen in Ihrer Ernährung nur die Zutaten weglassen, die Sie nicht vertragen!

Das klingt so einfach, kann aber im Alltag erst einmal Probleme bereiten. Das wenigste, was wir essen, nehmen wir in »Reinform« zu uns. Unsere Gerichte werden nach Mutters Hausrezepten oder in großen Industrieanlagen aus den verschiedensten Zutaten zusammengemixt. Oft wissen wir gar nicht, was in unserem täglichen Brot so alles drin ist. Und plötzlich müssen Sie sich nun um die Zusammensetzung Ihrer Nahrung kümmern und vielleicht auf alte, liebgewonnene Gerichte verzichten. Dieses Buch ist für Menschen gedacht, die an einer Allergie oder Unverträglichkeit gegenüber Hühnereiern und/oder Kuhmilch leiden. Außerdem richtet es sich an alle, die eine Zöliakie haben und keine glutenhaltigen Speisen vertragen. Es will Ihnen helfen, neue Wege zu beschreiten, sich trotz mancher Einschränkungen ausgewogen zu ernähren und vor allem die Freude am Essen zu behalten.

Vorwort

In den letzten Jahren konnte beobachtet werden, daß allergische Erkrankungen in der Bundesrepublik Deutschland zugenommen haben. Nach wissenschaftlichen Untersuchungen haben ca. 20 bis 25 % aller Neugeborenen ein familiäres Risiko für eine Allergie. Das Spektrum der angebotenen Nahrungsmittel hat sich in den letzten Jahren wesentlich erweitert, so zum Beispiel um exotische Früchte und Gerichte sowie Farb- und Konservierungsstoffe. Mit jedem neu angebotenen Nahrungsmittel besteht die Möglichkeit einer Allergisierung. So haben zum Beispiel mittlerweile schon viele eine Allergie gegen Kiwi, eine Frucht, die zunehmend beliebt ist und in unseren Regionen früher nicht bekannt war. Durch eine verbesserte und häufiger durchgeführte Allergiediagnostik werden zunehmend unklare Erkrankungen als Allergien erkannt. Jedes Jahr wird bei ca. 30 000 Kindern die Diagnose einer Nahrungsmittelallergie gestellt. Bis zur Diagnosestellung haben viele Patienten einen langen Leidensweg hinter sich, da Nahrungsmittelallergien vielfältige Beschwerden auslösen können. Um so größer ist die Erleichterung, endlich die Erkrankung zu kennen und ihr begegnen zu können. Die Behandlung der Nahrungsmittelallergien besteht grundsätzlich in der Elimination des Allergens, d. h. das entsprechende Nahrungsmittel muß vollständig aus der Ernährung weggelassen werden. Oftmals bereitet aber gerade die praktische Durchführung einer allergenfreien Ernährung vielfältige Probleme. Dies gilt insbesondere für Nahrungsbestandteile, die zu den Grundnahrungsmitteln zählen und somit in vielen Produkten

enthalten sind, wie zum Beispiel Hühner- und Milcheiweiß. Außer dem Weglassen der Allergene muß noch darauf geachtet werden, daß die Ernährung ausgeglichen, vollwertig und schmackhaft ist.
Neben den klassischen Nahrungsmittelallergien gibt es auch noch *Unverträglichkeiten* gegen bestimmte Nahrungsmittel. Die bekannteste und häufigste Erkrankung ist die Zöliakie (im Erwachsenenalter auch Sprue genannt). Hier besteht eine Unverträglichkeit gegen das Klebereiweiß Gluten, das hauptsächlich in den einheimischen Getreidearten vorkommt. Wie bei den Nahrungsmittelallergien besteht auch bei der Zöliakie die Behandlung in einer glutenfreien Ernährung. Oftmals ist die Zöliakie kombiniert mit einer Milchunverträglichkeit (insbesondere Milchzucker, auch Lactoseintoleranz genannt), was gehäuft nach langer Erkrankung und zu Beginn der glutenfreien Ernährung beobachtet wird. Hier muß neben dem Gluten auch Milch aus der Nahrung eliminiert werden. Da die Behandlung von Nahrungsmittelallergien und Zöliakie identisch ist und auch Kombinationen beider Erkrankungen bekannt sind, ist es sinnvoll, Kochrezepte für Betroffene beider Leiden zusammenzufassen.

Dr. med. Jürgen Hintze,
Kinderarzt und Allergologe

MEDIZINISCHER TEIL

Was ist eine Allergie?

Allergie im wörtlichen Sinne bedeutet »Anders-Reaktion«, das heißt, der Körper reagiert auf einen Stimulus mit einer ungewöhnlichen Antwort. So reagiert ein Pollenallergiker nach Kontakt mit Graspollen (Stimulus) mit Augenjucken, Heuschnupfen oder vielleicht auch Asthma (Antwort). Dagegen reagiert ein Nicht-Allergiker überhaupt nicht (normale Reaktion). Bei Nahrungsmittelallergien könnte als Reaktion auf den Genuß von Hühnereiweiß (Stimulus) zum Beispiel ein Durchfall oder eine Schwellung der Haut auftreten (Antwortreaktion). Eine Allergie kann erst nach einer Sensibilisierung entstehen, also nicht bei einem Erstkontakt. Dies bedeutet, daß man mindestens einmal mit dem Stoff, der die Allergie auslöst, in Verbindung gekommen sein muß. Als Prophylaxe (Vorbeugung) versucht man im Säuglingsalter eine Kuhmilchallergie zu verhindern, indem man möglichst lange stillt oder eine hypoallergene Nahrung füttert. Bei anderen Allergien (z. B. Tierhaarallergien) ist die Entfernung des Allergens aus der Umgebung als Vorbeugung erforderlich (z. B. Entfernung des Haustieres). Die Neigung zur Allergie ist ererbbar. Das Risiko für ein Kind, eine allergische Erkrankung zu bekommen, kann aufgrund der Familienanamnese wie folgt abgeschätzt werden:

Beide Eltern gesund	5–15 %
Ein Elternteil Allergiker	20–40 %
Ein Geschwister Allergiker	25–35 %
Beide Eltern Allergiker	40–60 %
Beide Eltern dieselbe Manifestation	60–80 %

Das Immunsystem des Menschen hat die Aufgabe, den Körper vor Infektionen zu schützen. Das Immunsystem des Allergikers ist nicht geschwächt, sondern es kann überempfindlich auf kleinste Mengen von Fremdeiweiß oder auch von anderen Allergenen reagieren. Man unterscheidet hauptsächlich vier verschiedene allergische Reaktionen:

I **Allergische Sofortreaktion**
Sie ist die häufigste allergische Reaktion und tritt, wie der Name schon sagt, rasch nach Allergenkontakt auf (Beispiel anaphylaktischer allergischer Schock, Asthma, Heuschnupfen).

II **Zytotoxische Reaktion**
Darunter ist die Zerstörung von Blutzellen zu verstehen. Sie wird hauptsächlich durch Medikamente verursacht (z. B. hämolytische Anämien) und ist eine allergische Reaktion vom Soforttyp.

III **Serumkrankheit/Immunkomplexreaktion**
Diese ist ebenfalls eine allergische Reaktion vom Soforttyp, mit Exanthem (Ausschlag), Fieber, Gelenkschwellungen oder Gefäßentzündungen.

IV **Allergische Spätreaktion**
Darunter ist die verzögerte Reaktion zu verstehen (bis 72 Stunden). Als typische Beispiele sind hier die Kontaktallergie, die Infektionsallergie oder die Transplantatabstoßung zu nennen.

Da Nahrungsmittelallergien alle Formen der allergischen Reaktion zeigen können, soll hier nicht näher auf die einzelnen Reaktionstypen eingegangen werden. Der Ablauf allergischer Erkrankungen ist an das Immunglobulin E geknüpft, das bei Allergikern im Blut erhöht nachweisbar ist.

Welche Krankheitssymptome werden durch eine Allergie verursacht?

Allergien können die vielfältigsten Krankheitssymptome auslösen. Grundsätzlich muß man bei jeder chronischen Erkrankung an eine allergische Komponente denken. Die bekanntesten allergischen Erkrankungen sind:

Neurodermitis
Kontaktekzeme
Heuschnupfen
Fließschnupfen
Bronchialasthma
Chronische Bronchitis
Erbrechen
Chronische Durchfälle
Gelenkbeschwerden
Migräne
Gedeihstörungen
u. a.

Bei einer Nahrungsmittelallergie stehen Beschwerdebilder im Bereich der Haut und des Magen-Darmtraktes im Vordergrund.

Wie wird die Diagnose einer Allergie gestellt?

Die wichtigsten Hinweise auf eine Nahrungsmittelallergie erhält man aus der Krankheitsgeschichte (Anamnese). Gerade beim Verdacht auf eine Allergie bekommt man die besten diagnostischen Hinweise beim genauen Erfragen der Beschwerden, wann, wo, was und in welchem Zusammenhang diese auftreten. Nach klinischen Hinweisen sollten dann die spezifischen allergischen Testungen erfolgen:

1. Hauttestungen (Reibetest, Pricktest, Intrakutantest)
2. Rasttest (Bestimmung der spezifischen Antikörper im Blut)
3. Degranulationstest (spezifischer Bluttest)
4. Belastungsuntersuchungen (Testung nach Gabe des Allergens)

Die Interpretation der Testverfahren kann sehr schwierig sein und muß äußerst kritisch durchgeführt werden. Da sämtliche Testverfahren eine Allergie weder beweisen noch ausschließen, darf die Diagnose einer Nahrungsmittelallergie nie alleine auf Grund von Hauttests oder Blutuntersuchungen (In-vitro-Tests) gestellt werden. Erst nach überprüfter Diagnose (Anamnese, Testverfahren, Provokation, Elimination) sollte eine diätetische Therapie durch Elimination des auslösenden Allergens erfolgen. Die oben beschriebenen Testverfahren können von den meisten Internisten, Haus- und Kinderärzten durchgeführt werden. Leider bereitet aber die Interpretation gerade allergologischer Untersuchungen große Schwierigkeiten. So muß zum Beispiel ein positiver Rastbefund, das heißt, eine im Blut auf Grund von Antikörpern nachgewiesene Allergie, nicht immer mit dem Beschwerdebild korrelieren. Gerade bei niedrigen Raststufen erlebt man doch häufig, daß das Nahrungsmittel vertragen wird. Neben den klassischen Reaktionen gibt es auch noch Allergien, die anderen immunologischen Mechanismen folgen, zum Beispiel Intoleranzreaktionen. Auf diese kann hier nicht näher eingegangen werden.
Im Zweifelsfalle sollte man sich an Ärzte mit spezieller Ausbildung und Erfahrung oder an Spezialambulanzen wenden. Vielen Universitätskliniken sind solche Einrichtungen angegliedert. Adressen von empfehlenswerten Spezialisten erhält man auch auf Anfrage von den im Anhang dieses Buches genannten Selbsthilfeorganisationen.

Wie wird eine Nahrungsmittelallergie behandelt?

Liegt eine eindeutige Nahrungsmittelallergie vor, so ist das betreffende Allergen aus der Ernährung vollständig zu eliminieren. Kinder mit Nahrungsmittelallergien wachsen und entwickeln sich wie ihre Altersgenossen. Erwachsene sind in der Regel voll ins Berufsleben integrierbar. Es ist aber oft ein langer und schwieriger Weg, sich mit der Tatsache der Allergie auseinanderzusetzen, die Erkrankung zu akzeptieren und sich dann auf die besondere Ernährung einzustellen. Leider gibt es bei der Zubereitung der Speisen oft erhebliche Probleme. Auch wird angenommen, daß man geschmackliche Einschränkungen hinnehmen muß oder Mangelerscheinungen bekommt. Gerade hier kann ein Kochbuch, das sich mit diesen Problemen beschäftigt, außerordentlich wertvolle Hilfe leisten.

Die Kuhmilch-allergie

Werden Milch und Produkte aus der Milch nicht vertragen, so muß man unterscheiden zwischen einer allergischen Reaktion und der Unverträglichkeit gegen Milchzucker (Lactoseintoleranz).

Milcheiweißallergie

In der Kuhmilch sind etwa 20 Proteine näher identifiziert, von denen allerdings nur fünf von allergologischer Bedeutung sind. In Rastuntersuchungen (Bluttestungen) können die einzelnen Bestandteile ohne großen Aufwand gesondert getestet werden.

	% vom Gesamteiweiß
Rinderserum-Albumin (hitzelabil)	0,7–1,3
Rinder-Gammaglobulin (hitzelabil)	1,2–2,5
Alpha-Lactalbumin (partiell hitzelabil)	2,0–5,0
Beta-Lactglobulin (hitzestabil)	7,0–12
Casein (hitzestabil)	76–86

Albumin und **Gammaglobulin** sind hitzelabile Eiweiße und werden schon beim kurzen Kochen denaturiert. Sie verlieren damit ihre allergenen Eigenschaften. Somit reagiert man nur bei frischer Kuhmilch.

Alpha-Lactalbumin ist partiell hitzestabil und kann in pasteurisierter Milch enthalten sein. Durch Kochen wird dieses Eiweiß aber zerstört.

Beta-Lactglobulin ist das wichtigste Eiweiß mit der höchsten Allergenität in der Kuhmilch. Es ist hitzestabil und auch resistent gegen proteolytische, d. h. eiweißabbauende Enzyme. Die Allergenität kann durch mildes Erhitzen in Gegenwart von Lactose noch gesteigert werden. Bei einer Sensibilisierung gegen Beta-Lactglobulin muß eine völlig kuhmilchfreie Ernährung durchgeführt werden. Bei isolierter Allergie gegen hitzelabile Kuhmilcheiweiße kann eine Ernährung mit gekochter Milch möglich sein.
Casein ist ein hitzestabiler, nicht artspezifischer Bestandteil der Milch. Daher muß bei Allergie gegen Casein damit gerechnet werden, daß auch Milch anderer Tierarten wie Ziege, Schaf, Stute nicht vertragen wird.
Da Kuhmilch in vielen Fertigprodukten enthalten ist, ist beim Kauf fertiger Nahrungsmittel höchste Vorsicht geboten. **Bei folgenden Inhaltsstoffen auf der Zutatenliste handelt es sich um Milchprodukte: aufgeschlossenes Milcheiweiß, Molke, Molkepulver, Molkeprotein, Casein, Caseinate, Lactalbumin, Lactglobulin.**
Durch Kuhmilchprodukte wird ein großer Teil unseres täglichen Bedarfs an Calcium gedeckt. Dies ist insbesondere für Kinder in der Wachstumsphase wichtig. Es sollte daher bei einer kuhmilchfreien Ernährung auf eine ausreichende Calciumzufuhr durch andere Nahrungsmittel geachtet werden. Auch auf eine ausreichende Zufuhr von Vitaminen ist zu achten. Im Einzelfall sollte man den Rat einer versierten Diätassistentin in Anspruch nehmen.

Milchzucker- oder Lactoseintoleranz

Bei der Milchzuckerunverträglichkeit kann der Milchzucker (Lactose) in der Nahrung nicht vollständig abgebaut werden, da das entsprechende Enzym in der Darmwand fehlt. Dieser

Defekt kann angeboren oder Folge einer Schädigung der Darmschleimhaut sein. Sie tritt häufig zusammen mit Zöliakie auf.

Milchzucker ist nicht nur in der Kuhmilch, sondern auch in der Milch anderer Tiere (Schaf, Ziege u. a.) enthalten. Dabei ist jedoch Kuhmilch in der Regel am stärksten unverträglich.

Das Ausmaß der Milchzuckerunverträglichkeit ist je nach Stärke der Darmschädigung sehr unterschiedlich. Auch die spezifischen Testverfahren können dieses Ausmaß nicht genau bestimmen. Daher muß im Einzelfall oft ausprobiert werden, wieviel vertragen wird. Auch hierzu sei auf Spezialambulanzen verwiesen.

Die Hühnereiweiß-allergie

Nach der Kuhmilch ist das Hühnereiweiß das bedeutendste Allergen. Wie bei der Kuhmilchallergie muß bei einer Sensibilisierung gegen Hühnereiweiß dieses vollständig aus der Ernährung weggelassen werden. Gerade beim Hühnereiweiß sind anaphylaktische, d. h. schwere allergische Reaktionen bekannt. Die wichtigsten Allergene im Hühnerei sind **Ovalbumin, Ovomukoid, Ovotransferin** und **Lysozym**. Ovalbumin hat im Hühnerei den größten Anteil mit ca. 66 % und ist zugleich auch das wichtigste und stärkste Allergen.
Wie bei der Kuhmilch muß damit gerechnet werden, daß Hühnerei in vielen Fertigprodukten enthalten ist. Auch hier sollte die Zutatenliste sorgfältig gelesen werden. **Achten Sie insbesondere auf Lecithine (sie haben die E-Nummer E 322), da diese aus Hühnerei hergestellt sein können.**
Bei einer Ernährung ohne Hühnereiweiß muß nicht unbedingt mit Mangelerscheinungen gerechnet werden. Eine gleichzeitige Allergie auf Hühnerfleisch ist nicht zwingend, sondern eher selten.

Wichtig: Impfstoffe gegen Masern, Mumps und Röteln sind auf Hühnereiweißbasis aufgebaut. Man sollte daher bei betroffenen Kindern Spezialimpfstoffe ohne Hühnereiweiß verwenden.

Die Zöliakie oder Sprue

Die Zöliakie, beim Erwachsenen auch Sprue genannt, ist im eigentlichen Sinne keine Allergie, sondern eine Unverträglichkeit gegen das Klebereiweiß Gluten, das hauptsächlich in den einheimischen Getreidearten vorkommt. Die Unverträglichkeit gegen das Gluten bewirkt bei Patienten mit einer Zöliakie eine direkte Schädigung der Darmschleimhaut, die Darmzotten flachen ab oder verschwinden. Wie dieser toxische Gluteneffekt zu erklären ist, ist noch nicht bekannt.

Symptome

Während die Zöliakie beim Kind in der Regel eindeutige Befunde hervorruft, sind die Symptome im Erwachsenenalter häufig nur schwach ausgeprägt, und selten kommt es zum Vollbild der Sprue mit massivem Gewichtsverlust und Durchfall mit Fettstühlen.

Symptome der Zöliakie beim Kind

Gedeihstörungen	98 %
Leibblähungen	86 %
Durchfälle (dauerhaft oder episodisch)	76 %
Blässe	65 %
Erbrechen	60 %

Wesensveränderungen	56 %
Appetitlosigkeit	46 %
Muskelschwäche	43 %
Eiweißmangelödeme	11 %

Symptome der Sprue beim Erwachsenen

Auszehrung, Gewichtsverlust, Muskelschwund, lockere Hautfalten, niedriger Blutdruck, Krankheitsgefühl und Leistungsschwäche, Müdigkeit, Abgeschlagenheit, Durchfall, Blähungen, Verstopfungen, Übelkeit.

Wie wird eine Zöliakie/Sprue diagnostiziert?

Zur sicheren Diagnose einer Zöliakie/Sprue muß immer eine Dünndarmbiopsie durchgeführt werden. Das ist eine zwar manchmal unangenehme, aber in der Regel völlig harmlose Untersuchung. An dem entnommenen Gewebeteilchen kann man unter dem Mikroskop erkennen, ob die Dünndarmzotten abgeflacht sind. Sind die Zotten flach, ist dies das sicherste Zeichen für eine Zöliakie/Sprue.

Ebenso ist das Ansprechen auf die glutenfreie Ernährung ein wichtiger Hinweis.

Gute Hinweise auf das Vorliegen einer Zöliakie/Sprue erhält man außerdem aus speziellen Antikörperbestimmungen, wie Gliadinantikörper und Endomysiumantikörper. Bei Kindern sind diese Antikörper als Screeningtest gut geeignet, im Erwachsenenalter aber noch unsicher. Ein Ersatz für die Biopsie sind die Antikörperbestimmungen aber bisher noch nicht, da ein negativer Test eine Zöliakie nicht ausschließt.

Wie wird eine Zöliakie/Sprue behandelt?

Die Behandlung der Zöliakie/Sprue besteht in der absolut glutenfreien Ernährung. Nur in Ausnahmefällen – bei zusätzlichen Erkrankungen und Mangelerscheinungen – sind medikamentöse Therapien erforderlich. Die glutenfreie Ernährung muß lebenslänglich durchgeführt werden. Bei nicht glutenfreier Ernährung kommt es zum Wiederauftreten von Beschwerden, die teilweise mehrere Jahre andauern können. Daneben steigt jedoch auch noch das Malignomrisiko (Krebsrisiko). Mit einer glutenfreien Ernährung lebt der Patient in der Regel beschwerdefrei und ist sozial voll in die Gesellschaft integrierbar.

Die glutenfreie Ernährung

Die glutenfreie Ernährung ist heute zum Teil schon recht komfortabel geworden. Es gibt eine Reihe von Spezialfirmen, die glutenfreie Backwaren herstellen. Auch in vielen Reformhäusern kann man glutenfreie Spezialprodukte kaufen. Leider beinhalten die meisten normalen Kochbücher nur wenige Rezepte, die sich mit der glutenfreien Ernährung auseinandersetzen. Gerade bei der Zubereitung glutenfreier Gerichte hat man häufig technische Schwierigkeiten, so daß spezielle Kochbücher unbedingt notwendig und außerordentlich hilfreich sind.
Neben den klassischen Getreideprodukten wie Backwaren oder Nudeln kommt Gluten leider in vielen Produkten vor, von denen man nicht ohne weiteres vermutet, daß sie Gluten enthalten.
Gluten wird häufig als Hilfs- oder Trägermittel verwendet und muß nicht deklariert werden.

Als besonders hilfreich hat sich hier die »Aufstellung glutenfreier Lebensmittel« der Deutschen Zöliakiegesellschaft erwiesen.

Zöliakie/Sprue und Lactoseintoleranz

Nach langer Erkrankung und später Diagnosestellung entwickeln Patienten zu Beginn der glutenfreien Ernährung häufig zusätzlich eine Intoleranz gegen Milchzucker (Lactose). Neben der Elimination von Gluten müssen dann auch Milchprodukte weggelassen werden. In der Regel läßt die Intoleranz gegen Lactose bei längerer glutenfreier Ernährung und damit der Normalisierung des Darmes nach. Es erscheint daher für diese Patienten besonders wichtig, Rezepte für beide Unverträglichkeiten zur Verfügung zu haben.

PRAKTISCHER TEIL

Vollwertkost bei Allergien

Vollwertkost hat in den letzten Jahren immer mehr Anhänger gefunden. Um den Begriff auf den Punkt zu bringen, möchte ich zitieren, wie sich von Koerber, Männle und Leitzmann in ihrem Buch *»Vollwert-Ernährung, Konzeption einer zeitgemäßen Ernährungsweise«* eine sinnvolle Ernährung vorstellen:

Im einzelnen wird empfohlen:

- Getreide und Getreideprodukte aus Vollkorn zu bevorzugen und Nicht-Vollkornprodukte, d. h. Produkte aus Auszugsmehlen oder nur teilweise ausgemahlenen Mehlen, nur selten zu verwenden.
- Gemüse und Obst reichlich zu verzehren, einen großen Teil davon als unerhitzte Frischkost.
- Kartoffeln und Hülsenfrüchte in den Speiseplan einzubeziehen.
- Die Gesamtfettaufnahme einzuschränken und qualitativ hochwertige Fette und Öle zu verwenden, z. B. kaltgepreßte, nicht raffinierte Speiseöle, Butter oder ungehärtete Pflanzenmargarinen mit hohem Anteil an Kaltpreßöl.
- Vorzugsmilch, pasteurisierte Vollmilch oder Milchprodukte ohne Zutaten zu bevorzugen.
- Fleisch, Fisch und Eier, wenn überhaupt gewünscht, nur gelegentlich zu verwenden.

- Ungechlortes Trinkwasser, kontrolliertes Quellwasser, natürliches Mineralwasser oder ungesüßte Kräuter- und Früchtetees zum Durstlöschen zu bevorzugen.
- Gewürze und Kräuter reichlich zur Geschmacksverfeinerung zu verwenden, Salz dagegen sparsam einzusetzen (als jodiertes Salz).
- Zum Süßen frisches, süßes Obst, nicht wärmegeschädigten Honig oder ungeschwefeltes, eingeweichtes Trockenobst o. ä. (jeweils nur in geringen Mengen und nicht in konzentrierter Form) zu bevorzugen, dagegen isolierte Zucker und Süßstoffe sowie damit hergestellte Produkte zu meiden.
- Möglichst ausschließlich Erzeugnisse aus anerkannt ökologischer Landwirtschaft zu verwenden; es sollten Lebensmittel regionaler Herkunft und entsprechend der Jahreszeit bevorzugt werden.

Die Vollwertigkeit eines Lebensmittels wird durch seinen Verarbeitungsgrad bestimmt; je weniger verarbeitet, desto vollwertiger ist es. Nahrungsmittel mit Zusatzstoffen sind zu meiden.

Für Menschen, die aufgrund einer Erkrankung auf bestimmte Lebensmittel verzichten müssen, hat die Vollwertkost zwei bedeutende Vorteile.

Erstens: Man nimmt die Lebensmittel mit allen wertvollen Bestandteilen zu sich, wie die Natur sie bietet. Rohkost, frisches Obst und Salate enthalten viele Vitamine. Gemüse und Kartoffeln werden frisch zubereitet und schonend gegart. Vollkornprodukte liefern Mineralien, Vitamine und vor allem Ballaststoffe für eine gute Verdauung. So verringert sich die Wahrscheinlichkeit von Mangelerscheinungen. Die Palette der Lebensmittel ist so reichhaltig, daß man durchaus adäquaten Ersatz für die Lebensmittel findet, die man wegen seiner spezifischen Erkrankung meiden muß.

Zweitens: Besonders für Milch, Hühnerei und Gluten gilt,

daß sie in unzähligen Fertiggerichten enthalten sind. Oft ist das nur schwierig herauszufinden. Eine Umstellung auf Vollwertkost macht unabhängig von den meisten Fertigprodukten.

Allerdings ist eine Vollwerternährung für Allergiker nicht ganz ohne Abstriche möglich. Es gibt Allergene, die durch Hitzeeinwirkung ihre Wirksamkeit verlieren, daher kommt es gar nicht so selten vor, daß z. B. gekochtes Gemüse besser vertragen wird als rohes. So hat auch Vollkorn durchaus seine Tücken: Die wertvollen Randschichten enthalten besonders viele Allergene. Deshalb kann es sinnvoll sein, Auszugsmehle zu verwenden. Hier gilt es abzuwägen nach dem Motto: **So vollwertig wie möglich und so allergenarm wie nötig.**

Deshalb beansprucht das vorliegende Buch nicht für sich, ein Vollwertkochbuch im engeren Sinne zu sein. Zöliakiebetroffenen sowie Kuhmilch- bzw. Hühnereiallergikern soll die Möglichkeit geboten werden, sich nach ihren Gegebenheiten vollwertig zu ernähren. Daher weichen manche Dinge von der gängigen »Vollwertdoktrin« – falls es überhaupt eine gibt – ab.

Das Kapitel über Fleisch ist umfangreicher geworden, als ich es am Anfang geplant hatte. Da viele von Ihnen auf Milchprodukte und/oder Eier gänzlich verzichten müssen, können ein paar Fleischrezepte mehr nicht schaden. Damit Sie ganz sicher das Fleischgericht finden, das Ihnen schmeckt und bekommt, habe ich ganz unterschiedliche Zubereitungsarten der verschiedensten Fleischsorten zusammengestellt. Sie finden in diesem Kapitel einige Rezepte, die Sie nicht unbedingt in einem Vollwertkochbuch vermuten würden.

Zum Schluß sei noch darauf hingewiesen, daß z. B. Tomaten absolut nicht mehr vollwertig sind, wenn man sie 1 Stunde lang kocht. Trotzdem werden vermutlich etliche für das Rezept eines selbstgemachten Ketchups besonders dankbar sein. Gleichen Sie das Defizit mit frischem Obst zum Nachtisch aus und genießen Sie das Ketchup! Ich habe hin und wieder eine solche »leckere Schweinerei« im Rezeptteil versteckt, vor allem als Alternative zum geliebten Fast Food für betroffene Kinder.

Kleine Lebensmittelkunde

Gut Essen fängt beim Einkauf an. Deshalb gilt für alle Köchinnen und Köche, beim Einkaufen auf die Qualität der Lebensmittel zu achten. Natürlich sollten sie immer frisch sein. Bewerten Sie jedoch das makellose Aussehen nicht zu hoch. Obst und Gemüse aus biologischem Anbau haben oft nicht die »Reklameoberfläche« konventionell erzeugter Produkte. Dafür sind meist mehr Geschmack und Nährwert und weniger Schadstoffe drin. Mit dem Einkauf von Bioprodukten unterstützen Sie außerdem eine umweltfreundliche Wirtschaftsweise, die Ihnen durch die Verringerung von krankmachenden Umweltgiften zugute kommt. Da die Natur jedoch schon bis in die letzten Winkel belastet ist, können auch Biobauern keine gänzlich schadstofffreien Produkte ernten.
Die folgenden Ausführungen sollen Ihnen bei der Auswahl ihrer Lebensmittel helfen. Zu jeder Produktgruppe finden Sie eine kurze Beschreibung und Einkaufstips.
Für **Zöliakiebetroffene** gibt es eine »Einkaufsbibel«: die *Aufstellung glutenfreier Lebensmittel* der Deutschen Zöliakie-Gesellschaft. Sie enthält genaueste Markenbezeichnungen glutenfreier Lebensmittel und wird von der Gesellschaft jährlich aktualisiert. Bei manchen Lebensmitteln sind auch Angaben zum Milchzucker gemacht. Die Broschüre erhebt zwar keinen Anspruch auf Vollständigkeit, ist aber ungeheuer umfangreich. (Die Adresse der Deutschen Zöliakiegesellschaft finden Sie im Anhang.)
Für **Hühnerei** und **Kuhmilch** gibt es ein solches Nachschla-

gewerk leider nicht. Versuche, eine solche Liste regelmäßig erscheinen zu lassen, scheiterten bisher am Desinteresse der Lebensmittelindustrie.

Fertigprodukte

Leider muß man sagen, daß alle Fertigprodukte bis zum Gegenbeweis, d. h. der Bestätigung des Herstellers, zumindest Spuren von Hühnerei, Gluten oder Milch enthalten können. Der hundertprozentige Verzicht auf Fertigprodukte ist jedoch in der heutigen Zeit extrem schwer, auch wenn man sich entschlossen hat, nach den Richtlinien der Vollwertkost zu leben. Er würde zudem Ihre sowieso schon aufwendige Küchenarbeit noch vermehren. Deshalb habe ich einen Leitfaden zusammengestellt, damit Sie sich in dem unübersehbaren Angebot an Fertigprodukten zurechtfinden.

Für alle abgepackten Lebensmittel gilt:
Die Zutaten müssen auf einer Zutatenliste ausgewiesen werden. Das gilt nicht für Waren, die lose hinter der Theke verkauft werden, wie z. B. Wurst oder Käse. Die Zutatenlisten werden leider von vielen Herstellern bewußt unverständlich gehalten. Viele Zusatz- und Farbstoffe werden mit sogenannten E-Nummern verschlüsselt. Handliche Tabellen hierzu sind über die örtlichen Verbraucherzentralen zu beziehen. Bei zusammengesetzten Zutaten, die selbst aus mehreren Komponenten bestehen, müssen die Bestandteile in Klammern angegeben sein. Davon kann abgesehen werden, wenn die zusammengesetzte Zutat weniger als 25 % des Enderzeugnisses ausmacht. Klassisches Beispiel: Joghurt mit »Fruchtzubereitung«. Gerade in diesen Nischen versteckt sich sehr oft Gluten, z. B. als Trägerstoff für Zusatzstoffe oder Aromen.

Und so finden Sie die »verbotenen« Zutaten:

Gluten

Gluten ist enthalten in Roggen, Weizen, Gerste, Hafer und Wildreis. Es kann sich hinter der Bezeichnung Stärke, modifizierte Stärke oder »Pflanzeneiweißerzeugnis« verbergen. Produkte, die mit großer Wahrscheinlichkeit Gluten enthalten:

- alle Gebäcke, die nicht ausdrücklich als glutenfrei gekennzeichnet sind
- Paniermehl
- Margarine, vor allem fettreduzierte Produkte
- Eis, vor allem mit Waffelblättern
- alle Fertiggerichte mit Bindemitteln
- Bier
- Fruchtjoghurt, Käsecremezubereitung, Fertigsaucen, Wurstwaren, fertig paniertes Fleisch oder Fisch, Formfleisch
- Bratheringe
- Backpulver
- Sojasauce, Gewürzmischungen
- Malzextrakt, Malzbonbons, Kaffee-Ersatz
- Blauschimmelkäse (die Schimmelkulturen im Inneren werden auf Brotkrumen gezüchtet)
- küchenfertige Pommes frites

Vergewissern Sie sich beim Einkauf von Käse in jedem Fall anhand der Tabelle der Zöliakiegesellschaft. Naturkäse sind in der Regel glutenfrei, man kann aber nie hundertprozentig sicher sein.

Milch

Milchprodukte sind in einem eigenen Kapitel aufgeführt (siehe Seite 50).

Milch als Zutat kann sich hinter folgenden Bezeichnungen verbergen: aufgeschlossenes Milcheiweiß, Molke, Molkepulver, Molkeprotein, Casein, Caseinate, Lactalbumin, Lactglobulin.

Produkte, die Milch enthalten können, auch wenn man es nicht unbedingt vermutet:

- viele süße Gebäcke, besonders Rosinenbrötchen, Toast usw.
- Backmischungen für Brot und Kuchen
- viele Liköre und Mixgetränke
- Fleischkonserven aller Art, Fleischeinlagen von Fertiggerichten, Wurstwaren, Vorder- und Preßschinken
- Fertigfleisch- und Fertigfischgerichte
- Kartoffelfertiggerichte, Nudeln
- Süßigkeiten und Eis
- Mayonnaise, Senf und Fertigsaucen, Ketchup
- Margarine
- Backmittel
- gesüßte Obstkonserven (können Milchzucker enthalten)

Hühnerei

Wer kein Hühnerei verträgt, sollte bei den Zutatenlisten besonders auf *Lecithin (E 322)* achten. Es kann aus Hühnerei hergestellt sein und ist nur unbedenklich, wenn es als *»reines Pflanzenlecithin«* deklariert ist.

Produkte, in denen Hühnerei versteckt sein kann:

- fast alle süßen Backwaren, aber auch Pumpernickel und Grahambrot
- Backmischungen für Brot und Kuchen
- Wurstwaren, Fleischeinlagen in Fertiggerichten, fertige Panaden
- Fertigsaucen, Mayonnaise, Ketchup, Senf

- Eis und fast alle Süßigkeiten, auch Bonbons, Gummibärchen, Zuckerwatte und Marmelade, viele Süßspeisen
- Margarine
- Backpulver
- Obstsäfte, Wein, Wein- und Obstessig, Brühen, Aspik (als Klärmittel)
- Milchshakes, Liköre und Cocktails
- Kartoffelfertiggerichte, Nudeln

Diese Angaben können Ihnen nur Anhaltspunkte für eigene Nachforschungen bieten. Studieren Sie die Zutatenlisten, fragen Sie Metzgern, Bäckern und Lebensmittelhändlern ein Loch in den Bauch und scheuen Sie sich nicht vor Anfragen an den Hersteller. Die Adresse ist in jedem Fall auf den Verpackungen verzeichnet. Da *Gluten* auch vielen »Fachleuten« kein Begriff ist, kann es leicht mit *Glutamat* verwechselt werden. Fragen Sie nach Gewürzzutaten und Bindemitteln und deren Zusammensetzung.
Die ausführlichsten Auskünfte erhalten Sie in der Regel von deutschen Firmen, die ihre Produkte selbst herstellen. Schwierig ist es nach meinen Erfahrungen, von Handelsgesellschaften verläßliche Aussagen zu bekommen, zumal diese oft auch ausländische Produkte vertreiben.
Im Anhang finden Sie eine Liste von Herstellern, die brauchbare Auskünfte zu Ihren Lebensmitteln herausgeben. Außerdem gibt es ab Seite 54 eine Liste mit Fertigprodukten, die in den Rezepten vorgesehen sind und über die ich Auskünfte beim Hersteller eingeholt habe.

Fleisch und Wurst

Fleisch liefert uns hochwertiges Eiweiß und wichtige Mineralien. Aber: allzuviel ist ungesund und führt zu Übergewicht, Ablagerungen in den Blutgefäßen und Gicht. Deshalb gilt als erste Regel im Umgang mit diesem beliebten Lebensmittel: Qualität vor Quantität. Man muß nicht jeden Tag Fleisch essen, aber wenn, dann ein gutes Stück. Das zu finden, ist trotz der übervollen Fleischtheken gar nicht so leicht. Es gilt, einige allgemeine Regeln zu beachten:

- Meiden Sie Fleisch aus Massentierhaltung. Es kann durch Tierarzneimittel und Masthilfsmittel belastet sein und weist eine schlechte Qualität auf, es ist wäßrig, zäh und ohne Aroma.
- Leber und Nieren enthalten besonders hohe Schadstoffkonzentrationen.
- Vorsicht bei gepökelten und geräucherten Produkten. Nitritpökelsalz kann mit natürlichen Inhaltsstoffen des Fleisches reagieren und krebserregende Nitrosamine bilden, beim Räuchern entstehen schädliche polycyclische aromatische Kohlenwasserstoffe. Erhitzen verstärkt die Wirkung.
- Kaufen Sie Fleisch bei einem Metzger, der weiß, wo sein Schlachtvieh aufgewachsen ist. Oder direkt beim Erzeuger. Es gibt immer mehr Bauern, die auf Direktvermarktung setzen und damit erfolgreich sind.
- Relativ unbelastet ist Hammelfleisch, da Schafe noch weitgehend von der industriellen Massentierhaltung verschont sind.
- Lohnenswert ist sicher auch der Einkauf beim Biobauern, der sein Vieh unter natürlichen Bedingungen aufzieht. Alle Zusatzstoffe des industriellen Kraftfutters fallen weg, und »glückliche Biokühe« sind viel widerstandsfähiger gegen Krankheiten. Sie brauchen also auch kaum Arzneimittel. Die Schadstoffe aus der allseits gegenwärtigen Luft- und Bodenverunreinigung durch unsere industrielle Wirtschaftsweise, denen auch wir Menschen ständig ausgesetzt sind, lassen sich leider nicht vermeiden.

Wer nicht gegen das Fleisch einer bestimmten Tierart allergisch ist, kann, ausgestattet mit diesen Faustregeln, unbesorgt aus dem reichhaltigen Angebot auswählen.
Bei allen **Wurstwaren** und **Fleischkonserven** ist Vorsicht geboten, es sei denn, Sie fragen beim Hersteller an oder finden einen absolut vertrauenswürdigen Metzger, der Ihnen Auskunft über sein Sortiment gibt.

Fette und Öle

Wir nehmen **pflanzliche Fette** aus den Samen oder Früchten von allerlei Pflanzen auf oder verzehren **tierische Fette** in Form von fettem Fleisch, Wurst, ausgelassenem Schmalz, Butter oder Käse.
Wichtig ist die Zufuhr genügend *ungesättigter Fettsäuren*, die zum Aufbau biologisch aktiver Membranen im Körper benötigt werden. Die essentiellen mehrfach ungesättigten Fettsäuren können vom Körper nicht selbst aufgebaut werden und müssen deshalb in angemessener Menge in unserer Nahrung enthalten sein. Pflanzliche Fette liefern mehr ungesättigte Fettsäuren als tierische. Einen besonders hohen Gehalt weisen z. B. Sonnenblumen- und Distelöl auf.
Weniger erwünscht ist heute der hohe Brennwert des Fettes, da wir Mitteleuropäer meist viel mehr davon essen, als wir durch Bewegung und körperliche Arbeit verwerten können. Der Überschuß wird als Reserve eingelagert und macht sich als Fettpolster und durch Zivilisationskrankheiten bemerkbar. Deshalb sollten wir so sparsam wie möglich mit Fett umgehen. Es gibt ein reichhaltiges Angebot verschiedenster Fette und Öle. Um die Qualität der Endprodukte beurteilen zu können, ist es wichtig, etwas über die Herstellung und Verarbeitung zu wissen.

Ölgewinnung

- Durch das Auspressen von Ölfrüchten oder Ölsaaten gewinnt man das besonders teure kaltgepreßte Öl.
- Warmpressen erhöht zwar die Ausbeute, es werden dabei aber hitzeempfindliche Inhaltsstoffe zerstört.
- Am ergiebigsten ist die Extraktion mit Hilfe von Lösungsmitteln. Das so gewonnene Öl muß durch Raffinieren erst von verschiedenen unerwünschten Begleitstoffen gereinigt werden. Es ist natürlich nicht besonders vollwertig.

Ölverarbeitung

Um aus flüssigen Ölen streichfähige Fette zu gewinnen, werden sie durch Anlagerung von Wasserstoffatomen an die Fettsäuren gehärtet. Als Katalysator wird dabei Nickel verwendet. Das Nickel wird später wieder entfernt, Spuren davon können allerdings im Endprodukt zurückbleiben und eventuell allergische Reaktionen auslösen. Bei der sogenannten Umesterung wird die Stellung der Fettsäuren im Fettmolekül verändert. Durch Härtung ändert sich die chemische Struktur, aus ungesättigten Fettsäuren werden gesättigte, die für die Ernährung weniger wertvoll sind.

Handelsprodukte

Pflanzliche Fette und Öle werden in guter Qualität im Reformhaus angeboten. Es kann sich aber auch lohnen, das Sortiment der Supermärkte auf Herz und Nieren zu prüfen.

Margarine

Margarine wurde im vorigen Jahrhundert als billiger Ersatz für Butter entwickelt. Sie wird als Brotaufstrich, zum Braten und zum Backen angeboten.

Es gibt heute die unterschiedlichsten Qualitäten aus ganz verschiedenen pflanzlichen und tierischen Fetten, mit Emulgatoren und Zusatzstoffen. Die meisten Margarinesorten bestehen aus einem Gemisch. Der Name einer Pflanze darf dann als Produktbezeichnung verwendet werden, wenn das Erzeugnis zu mindestens 97 % aus deren Öl besteht, wie z. B. Sonnenblumenmargarine. Man kann davon ausgehen, daß Margarine gehärtet und/oder umgeestert ist, sofern nichts Gegenteiliges auf der Verpackung vermerkt ist.

Halbfettmargarine darf nur 41 % Fett enthalten, der Rest besteht aus Wasser mit den entsprechenden Bindemitteln. Diese Margarine ist zum Braten ungeeignet.

Wer Margarine als Ersatz für Butter verwenden will, weil er auf Milch allergisch reagiert, muß wissen, daß die gängigen Margarinesorten durchaus Milchbestandteile enthalten. Es ist unumgänglich, die Zutatenliste genauestens zu studieren und im Zweifelsfalle im Geschäft oder beim Hersteller nachzufragen. So können z. B. Molke, Milch oder Joghurt zugesetzt sein.

Es gibt verschiedene Sorten von *Diätmargarine*, die für Milchallergiker geeignet sind. Hier muß auf der Verpackung vermerkt sein: Ohne Lactose (Milchzucker) und Milcheiweiß.

Aufmerksamkeit ist auch bei dem Emulgator Lecithin (E 322) angebracht. Er kann, muß aber nicht aus Hühnerei gewonnen sein. Das sieht man den Zutatenlisten meist nicht an. Nur wenn ausdrücklich Pflanzenlecithin verzeichnet ist, handelt es sich garantiert nicht um ein Hühnereiprodukt.

Einige Margarinesorten, besonders die Halbfettprodukte, enthalten Gluten.

Eine besonders wertvolle Margarine besteht aus ungehärteten und nicht umgeesterten Fetten und weist einen hohen Anteil an ungesättigten Fettsäuren bzw. kaltgepreßten Pflanzenölen auf. Das muß in genau dieser Formulierung auf der Packung vermerkt sein.

Pflanzenfette

Zum Braten werden verschiedene Pflanzenfette von mehr oder weniger fester Beschaffenheit angeboten. Sie haben den Vorteil, daß man sie besonders hoch erhitzen kann, da sie einen sehr hohen Rauchpunkt haben. Das ist die Temperatur, bei der sich das Fett an der Luft unter Rauchentwicklung zersetzt. Dazu sollte es natürlich in Ihrer Küche nie kommen, da dabei unverträgliche Stoffe entstehen. Empfehlenswert ist z. B. *ungehärtetes Kokosfett.*

Öle

Unter den Ölen sind die kaltgepreßten natürlich die wertvollsten. Sie werden aus ausgesuchten Ölsaaten schonend gepreßt, das ablaufende Öl darf nicht wärmer als 40 °C sein. Sie werden nur kalt filtriert.
Diese Öle enthalten besonders viel wertvolles Vitamin E und ungesättigte Fettsäuren. Allerdings ist das intensive Aroma der verschiedenen Ölfrüchte nicht jedermanns Geschmack. Das wohl bekannteste Beispiel ist Olivenöl. Nur wo »kaltgepreßt« draufsteht, ist auch kaltgepreßt drin! Olivenöl ist oft italienisch beschriftet und heißt, wenn es kaltgepreßt ist: »Olio extra vergine di Oliva«.
Kaltgepreßte Öle eignen sich vor allem für Salate oder als Geschmackszutat. Da sie einen niedrigen Rauchpunkt haben, sollte man sie nicht zum Braten verwenden, zumal die wertvollen Vitamine nicht hitzebeständig sind.
Allergiegeplagte Menschen sollten bedenken, daß die verschiedenen natürlichen Inhaltsstoffe eher eine Reaktion auslösen können als ein neutrales raffiniertes Öl.

Butter

Butter ist eines unserer wichtigsten tierischen Speisefette. Sie wird durch Schütteln oder Schlagen aus Sahne hergestellt. Da-

durch ballt sich das Milchfett zusammen, und die restlichen Bestandteile werden als Buttermilch abgeschieden.
Butter enthält 81–85 % Fett, 14–16 % Wasser und bis zu 2 % fettfreie Trockenmasse. Sie eignet sich hervorragend für Gebäcke, und wenn es darum geht, Formen oder Kuchenbleche zu fetten, kenne ich kein Fett, das eine bessere »Antihaftwirkung« hat. Beim Braten in der Pfanne erzielt man bei relativ niedrigen Temperaturen eine wunderbar sanfte Bräunung. Sie ist besonders geeignet, um paniertes Fleisch zu braten. Zum Braten bei hohen Temperaturen, wie sie z. B. für Steaks erforderlich sind, ist Butter nicht empfehlenswert, da ihr Rauchpunkt relativ niedrig liegt.
Milchallergiker sollten sich mit ihrem Arzt beraten, ob sie unbedingt auf Butter verzichten müssen, da sie hauptsächlich aus dem Fett der Milch besteht und die Eiweißbestandteile weitgehend abgetrennt sind. Wer sie nicht verträgt, hat die Möglichkeit, in der Küche *Butterschmalz* zu verwenden. Hier sind durch Auslassen die letzten Eiweißbestandteile und das Wasser entfernt. Butterschmalz hat beim Braten dieselben guten Eigenschaften wie Butter, läßt sich aber höher erhitzen. Da die Herstellung von Butterschmalz in Deutschland subventioniert wird, muß es eindeutig erkennbar sein. Deshalb wird ihm als Indikator eine winzige Menge des Pflanzenfettes Stigmasterin zugefügt. Außerdem wird es mit Stickstoff aufgeschäumt, um es geschmeidiger zu machen. Es ist jedoch nicht gehärtet, der Stickstoff entweicht beim Erhitzen restlos.
Für *Halbfettbutter* gilt das gleiche wie für Margarine.
Butter und Butterschmalz kann man getrost in jedem Supermarkt kaufen.

Sonstige tierische Fette

Weitere tierische Fette sind *Schmalz, Wurstfett* oder *Rinderfett*. Sie werden durch Auslassen des Fettes von Tieren hergestellt, meist von Schweinen, Rindern, Enten oder Gänsen. Sie werden rein oder mit Zusätzen wie Zwiebeln, Äpfeln und Gewürzen angeboten. Achten Sie darauf, daß keine Gewürze enthalten sind. Wurstfett enthält das Gewürz der Würste! Schweine- und Gänseschmalz sind ein leckerer Brotaufstrich. Man kann ausgelassenes Fett ohne Gewürze zum Braten, Fetten von Kuchenformen und sogar zum Plätzchenbacken verwenden. Es hat allerdings einen starken Eigengeschmack. Früher wurde es von vielen Hausfrauen aus Kostengründen eingesetzt. In dieses Buch habe ich ein Rezept aufgenommen für Menschen, die mit keinem anderen Fett zurechtkommen. Schmalz sollten Sie immer beim Metzger kaufen. Im Kühlregal der Supermärkte finden Sie zu oft minderwertige Ware. Und seien Sie unvoreingenommen: Ich habe das Schmalzgebäck meiner Tante als ausgefallene Köstlichkeit in Erinnerung!

Getreide

Getreide gehört in vielfach verarbeiteter Form zu unseren Grundnahrungsmitteln. Bei uns werden heute großflächig **Weizen, Roggen, Hafer** und **Gerste** angebaut. **Dinkel** ist eine Abart des Weizens, die früher weiter verbreitet war und erst in den letzten Jahren wieder an Bedeutung gewinnt. **Grünkern** wird aus vor der Reife geerntetem Dinkel hergestellt.

Alle diese heimischen Getreidesorten enthalten Gluten und sind für Zöliakiebetroffene verboten.

Ein weiteres nicht glutenfreies Getreide ist **Wildreis**.

Normalerweise bekommen wir nicht die Getreidekörner, sondern Weizen- und Roggenmehl, Haferflocken oder Gerstengraupen zu kaufen. Haferflocken sind immer Vollkornprodukte, bei Graupen wird die Randschicht der Gerste abgeschliffen, und unsere Mehle sind meist Auszugsmehle. Sie enthalten nur den Mehlkörper des Kornes, in dem Stärke und

Klebereiweiß konzentriert sind. Die Randschichten des Kornes und der Keim werden bei der Herstellung entfernt, um die Backeigenschaften zu verbessern und die Haltbarkeit zu erhöhen. Sie enthalten aber die für die Verdauung so wichtigen Ballaststoffe, Fett, Mineralstoffe und Vitamine. An der *Typenzahl* der Mehlsorten kann man erkennen, bis zu welchem Prozentsatz die Randschichten entfernt wurden. Sie gibt an, wieviel Milligramm Mineralstoffe bei der Verbrennung von 100 g Mehl als Asche zurückbleiben. Da die Mineralstoffmenge durch Entfernen der Randbestandteile und des Keimes abnimmt, hat man eine verläßliche Maßeinheit für den *Ausmahlungsgrad*. Die Skala geht bei Weizen von 405 bis 2000, bei Roggen von 610 bis 1800. Das seit Generationen übliche weiße Weizenmehl hat die Typennummer 405. Weitere gängige Mehlsorten sind Weizenmehl 1050 und Roggenmehl 997. Es wird inzwischen auch immer mehr Vollkornmehl angeboten. Das ist allerdings immer erhitzt, um die Haltbarkeit zu gewährleisten. Daher sind hitzeempfindliche Vitamine nicht mehr enthalten.

Besonders für Zöliakiebetroffene ist es natürlich wichtig, über Alternativen zu unseren gängigen Getreidearten Bescheid zu wissen.
Da sind zunächst **Hirse** und **Buchweizen**, die früher einmal bei uns heimisch waren. Sie sind sehr anspruchslos und waren die Speise der armen Leute. Davon kündet noch heute das Märchen vom süßen Hirsebrei. Hirse- und Buchweizenkörner gibt es in Naturkostläden, Reformhäusern oder im Supermarkt. Ein Preisvergleich lohnt immer. Manche Reformhäuser führen auch Buchweizenmehl, das erheblich billiger als ganze Körner ist. Der Grund für den niedrigen Preis: Buchweizen muß in einem komplizierten Mahlgang geschält werden. Dabei gibt es viel Bruch, weil Buchweizenkörner sehr weich und die Spelzen sehr hart sind. Die zerbrochenen Körner werden zu preisgünstigem Mehl vermahlen.

Mit Hirse und Buchweizenmehl kann man wunderbare Dinge backen!

Reis ist fast zu einem unserer Grundnahrungsmittel geworden, obwohl er hier nicht heimisch ist. Wir kennen die gekochten Körner als Beilage zu vielen Gerichten. Es gibt weißen, polierten Reis und Naturreis, dessen Körner noch alle wertvollen Randschichten enthalten. Man kann Reis in der Haushaltsmühle mahlen und verbacken oder zum Binden von Saucen verwenden. Wer es weniger rustikal liebt: Die Hammermühle (Adresse im Anhang) bietet auch Reis-Auszugsmehl an.

Achtung: Parboiled Reis ist *kein* Naturreis. Niemals mahlen, es kommen nur Krümel raus! Billiger Naturreis aus dem Supermarkt wird durch chemische Behandlung vor dem Verderb geschützt und ist nicht empfehlenswert.

Mais, das Korn der Inkas, bekommen wir nur selten als ganze Körner zu sehen. Die Maiskörner aus dem Supermarkt sind für Popcorn bestimmt und lassen sich nicht vermahlen. Aber auch der normale Speisemais, den es manchmal im Naturkosthandel gibt, erfordert eine besondere Mühlentechnik. In den großen Maismühlen werden die Körner nicht zermahlen, sondern geschnitten. Nur die wenigsten Haushaltsmühlen bewältigen solche »Brocken« wie Maiskörner. Deshalb werden die meisten von Ihnen auf fertiges Mehl zurückgreifen müssen. Maismehl aus dem vollen Korn ist gelblich. Außerdem wird der etwas gröbere Maisgrieß, Polenta, angeboten. Für beide Produkte gilt: Nur, wo Vollkorn draufsteht, ist auch Vollkorn drin!

Alle diese Getreide und Getreideprodukte gibt es aus konventionellem Anbau oder in der »Bio-Version«, die etwa um das doppelte teurer ist. Bio-Produkte sind nur echt, wenn sie den Vermerk *»aus kontrolliert biologischem Anbau«* tragen. Sie sind inzwischen nicht nur im Naturkostladen und Reformhaus, sondern auch in manchen Supermärkten erhältlich. Umgekehrt werden auch manchmal in Reformhäusern und Bioläden konventionell erzeugte Produkte angeboten. Also: Die Angebote ganz genau prüfen, und auch die Preise knallhart vergleichen.

Sojaprodukte

Soja hat in der Lebensmittelherstellung eine viel größere Bedeutung, als allgemein angenommen wird. Besonders in Backwaren und Cremes ist sie oft als Zutat enthalten. Leider ist eine Allergie gegen Sojaeiweiß gar nicht so selten. Trotzdem habe ich Sojaprodukte mit aufgenommen, da sie für viele Hühnereiweiß- bzw. Milchallergiker verträglich sind und Eier oder Milch gut ersetzen können. Es lohnt sich für Betroffene, nachzuforschen, ob sie Soja vertragen.
Es gibt verschiedene Sojasorten. Ausgangsprodukt für die gängigen Sojaprodukte sind die gelben Sojabohnen. Wichtig für die Rezepte dieses Buches sind Sojamilch, Tofu und Sojamehl.
Sojamehl wird durch Vermahlen der Bohnen gewonnen. Die wenigsten Haushaltsmühlen schaffen solche »Brocken«. Außerdem müssen die Bohnen vorher zur Entbitterung und Neutralisierung ihres »Trypsinhemmers« (Trypsin: eiweißspaltendes Enzym) geröstet werden. Deshalb kauft man das Mehl besser im Reformhaus oder im Bioladen. Es wird als Vollfettmehl oder entfettet angeboten.
Sojamilch wird durch Verkochen von pürierten, eingeweichten Sojabohnen mit Wasser hergestellt. Ähnlich wie bei der Käseherstellung flockt durch Zufügung eines Gerinnungsmittels das Eiweiß dieser Milch aus. Die Flocken werden gepreßt, so entsteht **Tofu**. Das klassische asiatische Gerinnungsmittel ist das aus Meersalz hergestellte Nigari; bei der industriellen Herstellung werden meist die Kalksalze Calciumsulfat und Calciumchlorid verwendet. Sofern sie keine Verdickungsmit-

tel, Gewürzmischungen oder andere Geschmackszutaten enthalten, sind diese Produkte in der Regel unbedenklich, was Gluten, Hühnerei und Milch anbelangt. Sie lassen sich vielseitig in der Küche einsetzen. Sojamilch und Tofu gibt es inzwischen auch im Supermarkt.
Vor den sehr beliebten **Sojasaucen** sei hier noch einmal besonders gewarnt: Je nach Sorte enthalten sie außer fermentierten Sojabohnen auch Weizen, sind also glutenhaltig!

Süßungsmittel

Unser **weißer Zucker** hat natürlich in einem Vollwertkochbuch nichts zu suchen. Er ist ein industriell hergestelltes, reines Kohlenhydrat ohne Ballaststoffe, Vitamine und Mineralstoffe. Da zu seinem Abbau Vitamin B1 notwendig ist, er aber nur »leere« Kalorien liefert, entzieht er bei der Verdauung dem Körper diesen wichtigen Stoff. Außerdem stört Industriezucker die Darmflora, indem er das Pilzwachstum fördert und dadurch oft Blähungen hervorruft.
Bei einer ausgewogenen Ernährung brauchten wir eigentlich überhaupt keine Süßungsmittel, aber wir mögen es halt einmal süß! Hier einige »nicht ganz so ungesunde« Alternativen:

- Eine besondere Delikatesse ist **Ahornsirup**, der eingedickte Saft kanadischer Ahornbäume (leider sehr teuer). Er ist dünnflüssig und bräunlich oder gelblich. Der sonnengelbe ist der beste! Sie finden ihn in den meisten Supermärkten.

- Weiter ist natürlich **Honig** zu nennen. Hier ist bei Pollenallergikern Vorsicht geboten. Die Pollen der Blüten, die den Honig liefern, sind natürlich darin enthalten. Die Sortenbezeichnungen wie Akazien- oder Rapshonig bedeuten, daß der Honig überwiegend von besagten Pflanzen stammt. Geringe Beimischungen anderer Pollen sind nicht auszuschließen. Tannenhonig besteht nicht aus Blütennektar, sondern aus

zuckerhaltigen Abscheidungen von Läusen, die auf Tannen leben. Daher ist hier nicht mit Pollenbeimischungen zu rechnen. Im Zweifelsfalle ist die Sorte auszutesten, die Ihnen am besten bekommt. Besonders mild und süß schmeckt Lindenhonig, Löwenzahn- oder Tannenhonig sind herbe Sorten.
Manche Hersteller erhitzen den Honig, damit er sich besser abfüllen läßt. Das mindert die Qualität beträchtlich. Erhitzter Honig kristallisiert nicht aus, wie das bei hochwertigem Honig je nach Sorte nach einigen Wochen oder Monaten der Fall ist.
Achtung: Kunsthonig besteht aus industriell hergestelltem Zucker und trägt die Bezeichnung *Invertzuckercreme.*

- Die angebotenen **braunen Zucker** oder **Rohrzucke**r sind oft lediglich eingefärbter Industriezucker, oder es wurde bei der Herstellung die letzte Reinigungsstufe weggelassen. Sie erscheinen zwar vergleichsweise preisgünstig, sind es aber, gemessen an der Qualität, nicht. Brauner Zucker fällt unter die Kategorien »Vollrohrzucker« und »Rohrohrzucker«. Er enthält noch Mineralien und Spurenelemente, die Vitamine sind leider auf ein Minimum reduziert.
  - **Vollrohrzucker** wird z. B. unter dem Handelsnamen *Sucanat* angeboten. Zu seiner Herstellung wird Zuckerrohr ausgepreßt, der Saft gefiltert und eingedickt, die entstehenden festen Vollrohrzuckerstücke werden vermahlen. Das Endprodukt erinnert an feinen Sand und ist von milder Süße.
  - **Rohrohrzucker** entsteht durch Kristallisation des eingedickten Zuckerrohrsaftes. Man unterscheidet *Demerara* mit großen, glänzenden Kristallen und *Muscovado* und *Melasse* mit kleinen, matten. Alle Rohrohrzucker sind leicht feucht und unterscheiden sich durch ihren Gehalt an Melasse. Demerara und heller Muscovado sind mild, dunkler Muscovado und Melasse haben einen kräftigen Eigengeschmack, fast etwas nach Lakritze.

Seien Sie sehr kritisch bei der Auswahl. Wenn auf der Verpackung keine detaillierten Hinweise über die Verarbeitung stehen, handelt es sich meist um Mogelpackungen. Fragen Sie im Zweifelsfalle nach. Die meisten Anbieter reeller Produkte haben ausführliche Informationsbroschüren. Für hochwertigen braunen Zucker lohnt sich der Weg ins Reformhaus oder Naturkostgeschäft.
Honig und Ahornsirup kann man in den einzelnen Rezepten nach Belieben vertauschen, wer jedoch den braunen Zucker »auswechseln« will, muß sich darauf gefaßt machen, daß das nicht immer klappt.
Achtung: Malzextrakt, der auch als alternatives Süßmittel empfohlen wird, ist *nicht glutenfrei!*
Zum Schluß noch ein Hinweis: Im bezug auf Karies sind alle genannten Produkte gleich schädlich, egal wie »gesund« sie sein mögen. Deshalb: Zähneputzen nicht vergessen! Und wer allzuviel Süßes nascht, ist auch beim gesündesten Vollrohrzucker nicht vor Übergewicht sicher.

Gewürze

Gewürze sind für viele Allergiker ein Problem. Da die Verträglichkeit ganz individuell verschieden ist, hier einige allgemeine Tips: Verwenden Sie die Sorten immer getrennt, so finden Sie besser heraus, was Sie vertragen oder nicht.
Würzmischungen sind zu meiden, sie enthalten oft für Allergiker unerwünschte Begleitstoffe oder Gluten. Das gilt auch für Flüssigwürze. Unter Würzmischung fallen z. B.: Curry, Chilipulver, Mischungen für Steak, Hühnchen, Fisch usw. Manche der beliebten Sojasaucen sind mit Weizen angereichert und somit glutenhaltig.
Was den **Essig** für die Salatsauce betrifft, so ist reiner Essig oder Essigessenz zum Verdünnen zu bevorzugen, auch wenn

es weniger vollwertig ist. Er besteht aus reiner Essigsäure und Wasser. Obst- und Weinessige können mit Ei geklärt sein.

Milchprodukte

Haben Sie im medizinischen Teil das Kapitel über die Kuhmilchallergie gelesen? Sie sollten bei einem Test unbedingt auf der Aufschlüsselung der verschiedenen Eiweiße der Milch bestehen.
Wenn Sie nur auf **Albumin** und **Gammaglobulin** allergisch reagieren, vertragen Sie zwar keine unbehandelte Vorzugsmilch, aber durch leichtes Erhitzen verlieren diese Stoffe ihre allergene Wirkung.
Um das **Lactglobulin** unschädlich zu machen, braucht es schon etwas mehr Power, aber in H-Milch ist dieses Allergen weitgehend zerstört.
Komplett auf alle Milchprodukte verzichten sollten Sie bei einer Allergie gegen **Betalactglobulin** und **Casein**, die absolut hitzestabil sind. Die Wirkung des ersteren wird sogar bei der Herstellung der Schnitt- und Hartkäse durch leichte Erwärmung über längere Zeit verstärkt.
Wer nicht auf das **Casein** der Milch reagiert, kann eventuell Stuten-, Ziegen- oder Schafsmilch vertragen. Ziegen- und Schafsmilch gibt es in manchen Reformhäusern, die Bezugsadresse für Stutenmilch ist über den Arbeitskreis Allergiekrankes Kind (siehe Anhang) zu beziehen. Wenn Sie Ziegen- oder Schafskäse kaufen, versichern Sie sich, daß keine Kuhmilch zugesetzt wurde.
Bei der Unverträglichkeit von **Milchzucker** oder **Lactose** sind andere Zusammenhänge wichtig: Frische Milch und Sahne sind verboten, bei den Sauermilchprodukten wird der Milchzucker zum größten Teil abgebaut. In Absprache mit Ihrem Arzt können Sie im Normalfall austesten, welche Pro-

dukte Ihnen bekommen. Lange gereifte Schnitt- und Hartkäse können lactosefrei sein. Frischkäse und Schmelzkäse können 1–10 % Lactose enthalten, Sauermilchprodukte wie Joghurt, Kefir oder Dickmilch 3,5–5,5 %, Butter 0,5 %. Diese Angaben sind als grobe Richtschnur gedacht. Endgültige Klarheit über ein bestimmtes Produkt bringt nur die Nachfrage beim Hersteller.
Versichern Sie sich jedoch unbedingt, daß Sie wirklich eine Lactoseintoleranz und keine Allergie haben.
Wer an **Zöliakie** leidet, muß auf die Zusatzstoffe von Milchprodukten achten. Meiden Sie möglichst alle Produkte mit Gewürzen oder anderen Geschmackszutaten. Besonders Joghurt mit Früchten und Käsecremezubereitungen können Gluten enthalten, ebenso alle Produkte mit Bindemitteln. Bevorzugen Sie Naturkäse. Die »International Wheat Gluten Association« empfiehlt zwar den Zusatz von Gluten zu Käsen und Schlagschaum, in der Regel sind die angebotenen Naturkäse jedoch unbedenklich. Vergewissern Sie sich mit der Tabelle der Zöliakie-Gesellschaft beim Einkauf. Absolut zu meiden ist Blauschimmelkäse, da die Schimmelkulturen im Inneren auf Brotkrumen gezüchtet werden.

Falls Sie auf Milch ganz verzichten müssen und befürchten, zu wenig Calcium aufzunehmen, hier einige Lebensmittel, die dieses Mineral in ähnlich hoher Konzentration enthalten: Petersilie, Schnittlauch, Brokkoli, Kresse, Meerrettich, Mandeln, Haselnüsse, Sesam, Sonnenblumenkerne, weiße Bohnen, Kichererbsen, Sojabohnen, Sojamehl, Hafer.

Obst und Gemüse

Obst und Gemüse sind natürlich am besten **frisch.** Versuchen Sie jeweils, die der Jahreszeit angemessenen Sorten zu wählen.

Das entlastet auch den Geldbeutel. Eine gute Bezugsquelle ist ein Wochenmarkt oder der Einkauf beim Bauern direkt.
Um in der Küche Zeit zu sparen, können Sie auf **Tiefkühlgemüse** ausweichen. Versichern Sie sich jedoch, daß dem Gemüse keine weiteren Stoffe zugegeben sind. Am sichersten ist die Nachfrage beim Hersteller. Die Adresse eines verläßlichen Herstellers finden Sie im Anhang.

Lebensmitteltabelle

Die folgende Liste enthält Handelsnamen und Herstellerbezeichnungen für einzelne Produkte mit der Angabe, ob sie Gluten, Hühnerei- oder Kuhmilchbestandteile enthalten. Den Aussagen liegen Auskünfte der Hersteller von 1994/95 und die Aufstellung glutenfreier Lebensmittel der Deutschen Zöliakie-Gesellschaft zugrunde. Es kann natürlich keine Garantie übernommen werden, daß die betreffenden Unternehmen ihr Sortiment bzw. ihre Rezepturen unverändert beibehalten. Trotzdem ist diese Liste eine gute Hilfe zur ersten Orientierung. Sie finden darin Produkte, die Sie für die Rezepte dieses Buches brauchen. Ich habe mich bei der Auswahl nach dem örtlichen Angebot gerichtet, ein Kriterium war aber auch die Auskunftsbereitschaft der Hersteller. Sie sollten die Liste nach Ihren Bedürfnissen durch Nachfragen bei Handel und Herstellern erweitern und die gesammelten Daten hin und wieder aktualisieren. Hilfsmittel und Adressen finden Sie im Anhang. Firmen, die ihre Produkte im eigenen Hause produzieren, geben in der Regel bereitwillig kompetente Auskünfte. Schwierig wird es bei Handelsgesellschaften, die selten über die Zusammensetzung der von ihnen vertriebenen Waren Bescheid wissen. Eine rühmliche Ausnahme bilden die Naturkosthändler, die sich eine gründliche Information der Verbraucher zur Firmenstrategie gemacht haben.

Achtung: Die Liste bezieht sich nur auf die angegebenen Stoffe. Es ist nicht auszuschließen, daß die Produkte darüber hinaus Zutaten enthalten, die dem einen oder anderen Probleme bereiten.

LEBENSMITTELTABELLE

Hersteller	Bezugs-quelle	Produkt	Glu-ten	Lac-tose	Milch-eiweiß	Ei
Dr. August Oetker Nahrungsmittel KG Lutterstraße 14 33617 Bielefeld Tel.: 0521/155-0	S	Backpulver original *Backin*	o	o	o	o
		Trockenbackhefe	o	o	o	o
		Hausnatron	+	o	o	o
Biogarten Naturkost und Naturwaren (Markenname auch *Arche*) Liebigstraße 3–5 40721 Hilden Tel.: 02103/9503-0	N	23030 Brühwürfel mit Hefe und Gemüse und Kräutern aus kontrolliert bio-biologischem Anbau	o	o	o	o
		23210 Agar-Agar gemahlen	o	o	o	o
		13462 Agar-Agar-Flocken	o	o	o	o
		13143 Soba 100%-Buchweizen-Spaghetti	o	o	o	o
		Evers Sojatrunk ungesüßt 16255 0,5 l 16251 1,0 l 16252 1,0 l Pfandflasche	o	o	o	o
		22491 Bruno Fischer Sojadrink natur 1,0 l Pfandflasche	o	o	o	o
		alle Tofu-Natur-Produkte	o	o	o	o

In dieser Tabelle bedeutet:
o = nicht enthalten + = enthalten

Hersteller	Bezugs-quelle	Produkt	Glu-ten	Lac-tose	Milch-eiweiß	Ei
REWE Zentral-Aktiengesellschaft Domstraße 20 50668 Köln Tel.: 0221/149-0	S	La Mamma Farfalle	+	o	o	o
		La Mamma Spaghetti	+	o	o	o
		La Mamma Lange Spaghetti	+	o	o	o
		La Mamma Penne Zita	+	o	o	o
		La Mamma Tortiglioni	+	o	o	o
Theodor Kattus GmbH Postfach 8208 40863 Ratingen Tel.: 02102/514-0	S	80740 Spaghetti 26 cm lang, 500 g	+	o	o	o
		80743 Maccaroni 26 cm lang, 500 g	+	o	o	o
		80738 Röhrchen schräg Penne 1000 g	+	o	o	o
		80753 Hörnchen Lumacone 500 g	+	o	o	o
		80732 Spiralen bunt Fusilli 1000 g	+	o	o	o
		80675 O Pasta mia, 5 versch. Teigwaren je 500 g	+	o	o	o
Tartex GmbH 81662 München Tel.: 089/41161	R	Tartex Biobin pflanzliches Bindemittel	o	+	+	o
Effem GmbH Postfach 1280 27281 Verden/Aller Tel.: 04231/940	S	Suzi Wan Reisnudeln Mie Hoen	o	o	o	o
		Suzi-Wan Glasnudeln Soe Oen	o	o	o	o

N = Naturkosthandel S = Supermarkt R = Reformhaus

Hersteller	Bezugs-quelle	Produkt	Glu-ten	Lac-tose	Milch-eiweiß	Ei
Vitaquell Reform-waren, Fauser Vitaquell-Werk Pinneberger Chaussee 60 Postfach 540629 22506 Hamburg Tel.: 040/572020	R	Vitasieg Pflanzen-margarine	o	o	o	o
		Vitagen Pflanzenfett	o	o	o	o
Fritz Homann Lebensmittelwerke Postfach 1180 49197 Dissen Tel.: 05421/31-1	S	Diät-Pflanzenfett	o	o	o	o
Walter Rau Lebensmittelwerke GmbH & Co. KG Postfach 1101 49171 Hilter Tel.: 05424/366-01	S	Rau Diät-Margarine	o	o	o	o
		Rau Diät-Fett	o	o	o	o
		Rau Diät-Öl	o	o	o	o
Aurora Mühlen GmbH Werderstraße 4 69469 Weinheim/ Bergstraße Tel.: 06201/6070	S	alle Mehle	+	o	o	o
Bayernland e.G. Postfach 3160 90015 Nürnberg Tel.: 0911/4140-0	S	Butaris Butterschmalz	o	o	o	o

In dieser Tabelle bedeutet:
o = nicht enthalten + = enthalten

Hersteller	Bezugs-quelle	Produkt	Glu-ten	Lac-tose	Milch-eiweiß	Ei
Speyer & Grund GmbH Postfach 630206 60352 Frankfurt Tel.: 069/942013-0	S	Surig Essigessenz 25 % hell	o	o	o	o
Naturata e.G. Postfach 1262 97912 Lauda-Königshofen Tel.: 09343/6209-0	N	Sojamehl vollfett	o	o	o	o
		Ahornsirup	o	o	o	o
		Vollrohrzucker Sucanat	o	o	o	o
		Rohrohrzucker Demerara	o	o	o	o
		Muscovado	o	o	o	o
		Melasse	o	o	o	o
Seeberger KG Postfach 3540 89025 Ulm Tel.: 0731/40930	S	Trockenpflaumen	o	o	o	o

N = Naturkosthandel S = Supermarkt R = Reformhaus

Küchenausstattung

Eine besondere Küchenausstattung, die über die üblichen Töpfe, Pfannen, Messer und Schüsseln hinausgeht, ist nicht notwendig. Ein Meßbecher für Flüssigkeiten, eine Küchenwaage und ein Handmixer zählen heute zur Standardausrüstung. Sinnvoll wäre es, sich zusätzlich einen Pürierstab anzuschaffen. Bei vielen Mixgeräten wird er als Zubehör angeboten.

Das einzige größere Küchengerät, über dessen Erwerb Sie nachdenken sollten, ist eine Haushaltsmühle. Einige der verwendeten Getreide bekommt man hierzulande nicht als Mehl. Natürlich können Sie die Körner im Naturkostladen mahlen lassen. Es ist jedoch zu bedenken, daß dort auch andere Getreide gemahlen werden; so daß das Mahlgut selbst bei sorgfältigster Behandlung mit Spuren anderer Mehle vermischt sein kann. Das ist besonders für Zöliakiebetroffene nicht wünschenswert. Deshalb habe ich einige Tips zur Auswahl Ihrer Getreidemühle zusammengestellt.

Mühlenkunde

Bei der Auswahl einer Mühle sollte man sorgfältig vorgehen. Folgende Punkte sind zu beachten.

Mahlwerk

Es gibt verschiedene Materialien, aus denen die Mahlwerke von Haushaltsmühlen hergestellt werden:

- **Stein:** Ergibt das feinste Mehl, weich und flockig, ist jedoch nicht für alle Körner geeignet; Mohn und Ölsaaten verkleben die Steine.
- **Stahl:** Besonders robust und universell, auch für Mohn und Ölsaaten geeignet, das Mehl wird nicht ganz so fein und flockig. Experten streiten darüber, ob der geringe Abrieb der Mahlflächen gesundheitsschädlich ist. Stärkere Erwärmung durch die Reibung.
- **Keramik:** Soll die Vorteile von Stein- und Stahlmühlen vereinigen, ist aber sehr anfällig gegen kleine Steinchen im Getreide, die das Mahlwerk zerstören können.

Es gibt kegelförmige und scheibenförmige Mahlwerke. Bei Steinmühlen ist ein Scheibenmahlwerk zu bevorzugen, weil die Fläche, auf der die Körner zerrieben werden, größer ist und so ein feineres Mehl entsteht.

Kapazität

Wichtig ist auch die Kapazität: Die Mühle sollte einen Einfülltrichter haben, der mindestens 1 kg faßt, und diese Menge sollte in etwa 10 Minuten bewältigt sein, ohne daß der Motor heißläuft. Dazu ist eine elektrische Leistung von mindestens 150 Watt notwendig.

REZEPTTEIL

Wenn Sie sich nun durch alle Erklärungen und Aufzählungen von »verbotenen Sachen« durchgekämpft haben, sollten Sie endlich zu dem übergehen, was in Ihrer Küche trotzdem noch möglich ist. Und das ist eine ganze Menge.

Ich habe die meisten Rezepte für vier Personen berechnet. Extrawürste zu braten und zu verzehren grenzt aus, und ich bin sicher, daß die Gerichte dieses Buches der ganzen Familie schmecken werden.

Nicht alle Rezepte sind frei von Milch *und* Hühnerei *und* Gluten. Es geht mehr nach dem Entweder-oder-Prinzip. Durch grafische Symbole können Sie auf den ersten Blick erkennen, welche Rezepte für Sie geeignet sind.

ohne Gluten

ohne Ei

ohne Milch

Ich habe mich nach Kräften bemüht, Zutaten auszuwählen, die selten Allergien auslösen. Trotzdem ist es nicht auszuschließen, daß Lebensmittel vorkommen, auf die *gerade Sie* allergisch reagieren. Deshalb erscheinen über jedem Rezept alle Zutaten zunächst ohne Mengenangaben, übersichtlich abgesetzt, so daß Sie schon im Vorfeld auswählen können.

Da Gewürze allgemein für Allergiker problematisch sind, ist ihre Anzahl bewußt beschränkt gehalten.

Das größte Gewicht liegt auf Gerichten, bei denen der Verzicht auf Ei, Milch oder Gluten die meisten Schwierigkeiten bereitet, z. B. Gebäck, aber auch Süßspeisen und gebundene Saucen.

Oft habe ich Vorschläge gemacht, wie man ein Rezept nach den persönlichen Bedürfnissen abändern kann.

Und nun: Viel Spaß beim Ausprobieren, Experimentieren, Kreieren und vor allen Dingen beim Essen!

Morgen-Muntermacher

Mandelmilch

WASSER
MANDELN
BRAUNER ZUCKER

Pro Portion:

1 Glas Wasser · 8 Mandeln · 1 TL brauner Zucker

Die Mandeln mit kochendem Wasser überbrühen, 5–10 Minuten ziehen lassen und die Schalen abpellen. Mit Wasser und Zucker in einem Becher mit dem Pürierstab mixen.
Gut gekühlt oder mit Eiswürfeln servieren.

Vorsicht bei Nußallergien!

Milchshake

MANDELMILCH
OBST NACH WAHL

Aus der Mandelmilch kann man hervorragende Milchshakes bereiten, denen man gar nicht anmerkt, daß sie keine Milch enthalten.
Dazu einfach Früchte nach Wahl mitmixen. Besonders sämig und mild werden Bananen. Man braucht etwa $^{1}/_{2}$ Banane pro

Glas. Verlockend, wenn auch etwas gefährlich, sind Erdbeeren. Wer sie verträgt, sollte unbedingt seinen Milchshake mit vier bis fünf Früchten anreichern.

Frischkornmüsli

WEIZEN
WASSER
AHORNSIRUP

Pro Person:

40 g Weizen · 50 ml Wasser · 1/2 TL Ahornsirup

Den Weizen grob schroten, über Nacht in Wasser einweichen und am nächsten Morgen mit Ahornsirup verrühren.
Nur als Frischkornmüsli können wir Getreide roh essen. Der gequollene Schrot läßt sich leicht kauen. Enzyme, die normalerweise den Keimvorgang aktivieren, machen das Getreide leichter verdaulich und setzen Prozesse in Gang, die den Vitamingehalt im Frischkornmüsli erhöhen.
Wer Sauermilchprodukte verträgt, kann dem Müsli vor dem Verzehr z. B. einige Löffel Joghurt beifügen.

Achtung: Leider enthalten die rohen Getreidekörner mehr Allergene als verbackenes Mehl. Auch wer Weizenbrot verträgt, kann eventuell auf dieses Müsli reagieren. Kinder unter zwei Jahren können Frischkornmüsli nicht verdauen. Sie sollten kein rohes Getreide bekommen, auch wenn es in manchen Ratgebern empfohlen wird.

Birnenmüsli

Weizen
Wasser
Honig
Birne

Pro Person:

40 g Weizen · 50 ml Wasser · $^{1}/_{2}$ TL Honig · $^{1}/_{2}$ Birne

Den Weizen grob schroten und über Nacht einweichen. Die Birne waschen, ausschneiden und bei Bedarf schälen. In Stücke schneiden oder raspeln. Alle Zutaten gut mischen.

Porridge

Hafer
Wasser

200 g Haferflocken · 1 l Wasser

Die Haferflocken in Wasser stark aufkochen. 15–20 Minuten lang köcheln lassen. Warm zum Frühstück servieren.
So einfach ist das Rezept für das berühmte britische Porridge. Sie können es englisch mit Zucker oder schottisch mit Salz würzen. Feine Flocken ergeben einen sämigeren Brei als grobe und haben eine etwas kürzere Kochzeit.

Kerne-Granola

Mandeln
Nüsse nach Wahl
Sonnenblumenkerne
Sesam
Öl
Ahornsirup

---

50 g Mandeln · 50 g Nüsse nach Wahl
100 g Sonnenblumenkerne
50 g Sesam · 3 EL Öl · 3 EL Ahornsirup

Mandeln und Nüsse hacken. Mit den anderen Zutaten vermischen und auf einem Backblech fingerdick ausbreiten. Bei 200 °C 15 Minuten rösten. Abgekühlt läßt sich die Mischung gut in einem Schraubglas aufbewahren.
Die Mischung eignet sich als Zwischendurchknabberei, aber auch als Zutat zu Müsli.

Vorsicht bei Nußallergien!

Granola-Quark

Granolamischung
Quark

Pro Person:

---

4 EL Quark · Granola-Mix nach Belieben

Man kann nach Belieben alles vermischen oder die Granola-Mischung über den Quark streuen. Anstatt Quark eignen sich auch Joghurt oder Kefir.

Granola-Hafer

Hafer
Wasser
Granolamischung

Pro Person:

---

40 g feine Haferflocken · 50 ml Wasser
Granola-Mix nach Belieben

Haferflocken mit Wasser mischen. Wenn man sie etwas weichen läßt, werden sie auch ohne Milch sämig. Mit Granola-Mix bestreuen oder vermischen.
Man kann das Müsli statt mit Wasser auch mit Sojamilch bereiten.

Birchermüsli

Hafer
Soja- oder Mandelmilch
Nüsse
Obst
Ahornsirup

Pro Person:

---

40 g feine Haferflocken
50–60 ml Soja- oder Mandelmilch (siehe Seite 63)
4 EL Nüsse nach Wahl · 50 g frisches Obst der Saison
1 TL Ahornsirup

Die Haferflocken 2 Stunden in Soja- oder Mandelmilch einweichen. Obst und Nüsse zerkleinern. Je nach Geschmack können Sie die Nüsse raspeln, hacken oder auch ganz lassen. Alle Zutaten vermischen.

Vorsicht bei Nußallergien!

Kasha

BUCHWEIZEN

Kasha ist gerösteter Buchweizen. Man kann ihn herstellen, indem man die ganzen Körner ohne Fett auf einer schweren Pfanne unter ständigem Rühren etwa 5 Minuten röstet, bis ein aromatischer Duft aufsteigt und die Körner bräunen.
Kasha eignet sich als Knabberei und als Zutat zu allen Müslis.

Suppen

Hirse-Grießsuppe

Hirse
Wasser
Salz
Croûtons aus eigenem Brot
Fett

Fett zum Rösten · 100 g Hirse · 1 l Wasser · Salz
ca. 60 g Croûtons (natürlich aus dem jeweils geeigneten Gebäck)

Die Hirse schroten. In Fett anrösten und mit dem Wasser ablöschen. 10 Minuten köcheln lassen. Salzen. Die Croûtons in einer Pfanne mit etwas Fett rösten. Vor dem Auftragen auf die Suppe streuen.

Tip: Die Croûtons schneidet man sich am besten selbst aus Resten von Brot oder anderem herzhaften Gebäck. Man kann sie trocknen und bei Bedarf in etwas Fett in der Pfanne rösten. Wer Sahne verträgt, kann die Suppe mit einigen Löffeln davon verfeinern. Sie eignet sich gut als Vorsuppe oder, mit einem Butterbrot, als schneller Imbiß, wenn man etwas Warmes braucht.

Champignonsuppe

CHAMPIGNONS
HIRSE
WASSER
SALZ
FETT

---

400 g Champignons · Fett zum Anbraten · 60 g Hirse
800 ml Wasser · 1 Prise Salz

Die Champignons waschen, putzen und kleinschneiden, die Hirse fein mahlen. Die Pilze in Fett bei starker Hitze unter ständigem Wenden anbraten und mit dem Hirsemehl bestäuben. Mit Wasser auffüllen und aufkochen Bei schwacher Hitze 10 Minuten köcheln lassen, salzen.
Wer es verträgt, kann wahlweise mit Muskat und Pfeffer würzen.

Grünkernsuppe

GRÜNKERN
FETT
WASSER
SALZ

---

50 g Grünkern · Fett zum Rösten · 800 ml Wasser · 1 Prise Salz

---

Grünkern schroten. In Fett rösten. Ablöschen, aufkochen und 10 Minuten bei kleinster Hitze ziehen lassen. Mit Salz abschmecken.
Wer es verträgt, kann die Suppe vor dem Servieren mit gehackter Petersilie bestreuen.

Sauerampfersuppe

Sauerampfer
Weizen
Fett
Wasser
Salz

---

40 g Sauerampfer · 60 g Weizenvollkornmehl · Fett zum Rösten
800 ml Wasser · Salz

Den Sauerampfer abbrausen, trockenschwenken und hacken. Das Mehl in Fett anrösten, ablöschen und 5 Minuten köcheln lassen. Salzen und zum Schluß den Sauerampfer unterrühren.

Tomatensuppe

Mais
Fett
Wasser
Tomaten
Salz
Zitrone
Olivenöl

---

50 g Maismehl · Fett zum Anschwitzen · 700 ml Wasser · 4 Tomaten
1 Prise Salz · 1 TL Zitronensaft · 1 EL Olivenöl

Das Mehl in Fett anschwitzen, ablöschen und unter Rühren aufkochen. Die Tomaten überbrühen, enthäuten und kleinschneiden. In die Suppe geben und noch 5 Minuten köcheln lassen. Mit Salz, Zitronensaft und Olivenöl abschmecken. Wer die Suppe sämig mag, kann sie kurz mit dem Mixstab pürieren.

Hülsenfrüchteeintopf

Hülsenfrüchte
Gemüse
Wasser
Salz

---

300 g Hülsenfrüchte nach Wahl · 1 1/2 l Wasser
600 g Gemüse nach Wahl · 3 TL Salz

Hülsenfrüchte eignen sich hervorragend für sättigende Eintöpfe. Man sollte sie ruhig öfter verzehren, da sie viel wertvolles Eiweiß und Mineralien enthalten. Für Menschen, die auf Milch verzichten müssen, ist vor allem der relativ hohe Gehalt an Calcium wichtig.
Man weicht Hülsenfrüchte über Nacht ein und kocht sie dann im Einweichwasser mit etwas Salz. Bei gelben Sojabohnen das Einweichwasser weggießen, es kann Blähungen verursachen. Wer in dieser Hinsicht empfindlich ist, sollte generell das Einweichwasser abgießen – wenngleich es mit wichtigen Inhaltsstoffen angereichert ist – und sämtliche Hülsenfrüchte mit frischem Wasser aufsetzen.
Das Gemüse wird geputzt, geschnitten und so dazugegeben, daß es noch 20–30 Minuten mitkochen kann. Den Eintopf zunächst einmal stark aufheizen; wenn er sprudelnd kocht, die Temperatur drosseln und auf kleiner bis mittlerer Hitze garkochen.

Die Garzeiten für die Hülsenfrüchte sind wie folgt:

Erbsen: 1 Stunde
weiße oder rote Bohnen: 2 bis 3 Stunden
gelbe Sojabohnen: 4 Stunden
Linsen: 20 bis 30 Minuten
Kichererbsen: 2 bis 3 Stunden

Für Hülsenfrüchte ist ein Schnellkochtopf durchaus sinnvoll einzusetzen. Die Garzeiten reduzieren sich damit beträchtlich:

Erbsen: 20 Minuten
weiße oder rote Bohnen: 30–40 Minuten
gelbe Sojabohnen: 40–50 Minuten
Linsen: 10 Minuten
Kichererbsen: 30–40 Minuten

Achten Sie darauf, daß während der langen Garzeit (im Normaltopf) das Wasser nicht knapp wird und der Eintopf anbrennt. Wenn Sie größere Mengen Wasser nachfüllen, immer noch einmal neu aufkochen und dann wieder zurückschalten. Man kann das Gericht beliebig mit Wasser verdünnen und noch einmal aufkochen. Ich mag es besonders gern etwas sämig. Dazu muß man nur einige der garen Hülsenfrüchte zerdrücken. Natürlich kann man einen Eintopf mit allen frischen oder getrockneten Kräutern, die man gerne hat und verträgt, würzen.
Man kann auch ein Stück Suppenfleisch vom Rind, etwa 1 kg, mitkochen. Es braucht eine bis eineinhalb Stunden Garzeit. Daher ist es sinnvoll, es mit Bohnen, Sojabohnen oder Kichererbsen zu kombinieren. Linsen sind zu schnell gar.

Saucen

Helle Mehlschwitze

wahlweise

WEIZEN/REIS/SOJA/MAIS
SALZ
BRAUNER ZUCKER

---

500 ml Wasser · Fett zum Anschwitzen
50 bis 100 g Mehl nach Wahl · etwas Salz und brauner Zucker
Gewürze nach Wahl

Man braucht für diese Flüssigkeitsmenge:

---

50 g Weizenmehl Typ 450
50 g Reismehl (der Firma Hammermühle, Adresse im Anhang, kein Vollkornmehl)
100 g Sojamehl vollfett · 60 g Weizenvollkornmehl
50 g Maisvollkornmehl

Das Fett erhitzen und das Mehl einstreuen. Unter Rühren leicht bräunen. Das Wasser in drei Portionen nacheinander dazugeben. Jedesmal mit dem Schneebesen kräftig rühren und aufkochen, bis das Mehl gut aufgequollen ist. Wenn es wirklich einmal Klumpen gegeben hat, wirkt ein Pürierstab Wunder.

Diese Saucengrundlage kann man nach Belieben mit Kräutern und Gewürzen versehen. Verfeinern Sie mit dem, was Ihnen schmeckt und bekommt. Sie können nach diesem Rezept natürlich auch mit anderen Mehlen experimentieren. Da sie eine unterschiedliche Fähigkeit haben, Wasser zu binden, wird die Menge variieren. Probieren Sie es aus. Wenn Sie nachträglich Mehl in eine Sauce einbringen möchten, weil sie zu dünn geraten ist, rühren Sie es vorher in etwas kaltem Wasser in einer Tasse an, um Klumpen zu vermeiden.

Käsesauce

Reis
Wasser
Gouda
Salz
Honig
Basilikum
Fett

---

80 g Naturreis · Fett zum Anschwitzen · 500 ml Wasser
80 g Gouda · 1 Prise Salz · 1 TL Basilikum · 1 TL Honig

Den Reis fein mahlen. Fett erhitzen und Mehl einstreuen. Leicht bräunen. Mit einem Drittel des Wassers ablöschen, unter Rühren aufkochen, nacheinander die beiden weiteren Drittel Wasser dazugeben und zwischendurch immer wieder aufkochen. Den Käse kleinschneiden oder reiben, unterrühren und schmelzen lassen, mit den Gewürzen abschmecken.

Sauce hollandaise 1

ZWIEBEL
ESSIG
WASSER
EIGELB
BUTTER
PFEFFER
SALZ

Die absolute Eier-Kalorienbombe, aber sooo gut! Wer es sich erlauben kann, sollte Sauce hollandaise in seinen Küchenzettel für Festmenüs aufnehmen. Probieren Sie diese Sauce möglichst erst einmal im Familienkreis aus, bevor Sie sie Gästen vorsetzen. Sie ist nicht ganz einfach herzustellen, aber mit etwas Übung gelingt sie regelmäßig.

5–6 Zwiebeln (ca. 400 g) · 400 ml Wasser · 8 EL Essig
6 Eigelb · 200 g Butter · Pfeffer · Salz

Die Zwiebeln schälen, in grobe Stücke schneiden und mit Essig und Wasser aufsetzen. Stark ankochen und auf kleinster Stufe etwa 25 Minuten köcheln lassen. Die Eier teilen, das Eiweiß für ein anderes Gericht verwahren. Die Butter zerlassen, jedoch nicht zu stark erhitzen, sie darf nicht bräunen. Alle Zutaten bereitstellen.
Die folgenden Arbeitsgänge müssen im Topf auf der Herdplatte bei schwächster Hitze ausgeführt werden. Das Eigelb muß gerade stocken, darf aber nicht ausflocken. Bei Bedarf die Platte zwischendurch ausschalten. Die meisten Rezepte für Sauce hollandaise empfehlen, die Sauce in einer Schüssel im heißen Wasserbad aufzuschlagen. Das ist umständlich und eigentlich nur auf dem Gasherd notwendig, um überall im Topf eine gleichmäßige Temperatur zu erzielen.
Mit einem Pürierstab die Zwiebeln zermusen. Die Eidotter dazugeben und so kräftig aufschlagen, daß eine schaumige

Masse entsteht. Weiterpürieren und langsam die zerlassene Butter dazugeben. Den weißen, flockigen Bodensatz zurücklassen. Mit Pfeffer und Salz würzen. Sofort auftragen.
Die Sauce paßt zu allen zarten Gemüsen und zu kurzgebratenem Fleisch. Auch zum kurzen Überbacken ist sie geeignet. Aufwärmen läßt sie sich schlecht. Aber es werden sowieso kaum Reste bleiben ...

Sauce hollandaise 2

Man kann die Butter durch 50 ml Öl ersetzten. Ansonsten bleibt die Zubereitung gleich. Und auch am Geschmack werden nur ganz versierte Feinschmecker feststellen, daß »da was nicht stimmt«. Verwenden Sie ein neutrales Öl. Kaltgepreßte Öle mit starkem Eigengeschmack verändern das Aroma. Besonders empfehlenswert für Allergiker ist Sonnenblumenöl. Im Zweifelsfalle die Marke, die Ihnen am besten bekommt, austesten.

Ketchup

TOMATEN
GEWÜRZE NACH WAHL

---

1 kg Tomaten · Gewürze wie Zitronensaft · Salz
Honig und Kräuter nach Wahl

Die Tomaten waschen, kleinschneiden und alle grünen Teile entfernen. Stark ankochen, und wenn eine Dampffahne am Deckelrand erscheint, auf allerkleinste Stufe schalten. Etwa

1 Stunde köcheln. Meist haben die Tomaten genügend Flüssigkeit, um nicht anzubrennen. Im Bedarfsfall ganz wenig Wasser zugeben. Die fertige Masse kurz mit dem Mixstab pürieren. Nach Wunsch durchpassieren und nach Geschmack würzen.
Im Sommer, wenn Tomaten günstig zu haben sind, kann man sich von diesem Ketchup einen guten Vorrat anlegen und in Gläser einwecken. Dazu den Ketchup in saubere Weckgläser füllen, Gummiring und Deckel auflegen und mit einer Klammer versehen. Dabei darf keine Verunreinigung zwischen Glasrand und Gummiring gelangen. In eine Grillpfanne stellen, reichlich Wasser dazugießen und bei 80 °C 20 Minuten im Backofen sterilisieren. Der Prozeß ist abgeschlossen, wenn Bläschen im Glas hochsteigen. Die Gläser im Ofen auskühlen lassen und am nächsten Tag die Klammern entfernen. Vorräte halten sich so über Monate, sind jedoch regelmäßig zu kontrollieren, damit sich nicht unbemerkt ein Deckel löst.

Pesto 1

Pinienkerne
Parmesan
Basilikum
Olivenöl
Zitronensaft

---

50 g Pinienkerne · 50 g frische Basilikumblätter
50 g Parmesankäse · 1 EL Olivenöl · Saft einer halben Zitrone

---

Pinienkerne, Basilikum und Parmesan zusammen kleinhakken. Öl und Zitronensaft dazugeben und mit dem Pürierstab oder im Mixer pürieren. Es entsteht eine cremige Paste.
Kenner der italienischen Küche schätzen Pesto zu Spaghetti oder auf Pizza. Man kann es auch aufs Brot oder als Dip essen. Pinienkerne, Basilikum und Parmesan geben ihm den typi-

schen Geschmack. Die folgenden Varianten sind zwar nicht mehr ganz »original«, bieten aber Ausweichmöglichkeiten bei Unverträglichkeiten.

Pesto 2

PINIENKERNE
PARMESAN
BASILIKUM
OLIVENÖL

---

50 g Pinienkerne · 3 EL getrocknetes Basilikum
50 g Parmesankäse · 6 EL Olivenöl

Zubereitung nach obigem Rezept. Der Zitronensaft kann bei getrocknetem Basilikum wegbleiben. Nur frisches Basilikum verfärbt sich an der Luft schwarz, sobald es gehackt ist – ähnlich wie Äpfel braun werden. Zitronensaft kann das verhindern. Da getrocknete Kräutern Flüssigkeit fehlt, muß mit mehr Öl ausgeglichen werden.

Pesto 3

SONNENBLUMENKERNE
PARMESAN
BASILIKUM
OLIVENÖL
ZITRONENSAFT

---

50 g Sonnenblumenkerne · 50 g frische Basilikumblätter
50 g Parmesankäse · 1 EL Olivenöl · Saft einer halben Zitrone

---

Zubereitung wie oben, nur mit Sonnenblumen- statt Pinienkernen.

Pesto 4

Mandeln
Basilikum
Olivenöl
Zitronensaft

50 g geschälte Mandeln · 50 g frisches Basilikum
2 EL Olivenöl · Saft einer halben Zitrone

Mandeln und Basilikum hacken, mit dem Öl und Zitronensaft zusammen mixen.

Mandelmayonnaise

Mandeln
Wasser
Öl
Salz
Zitrone

100 g Mandeln · 50 ml Wasser · 100 ml Öl · $^{1}/_{2}$ TL Salz
1 EL Zitronensaft

Die Mandeln mit kochendem Wasser überbrühen und die Schale abziehen. Das Kochwasser nicht verwenden. Mandeln und frisches Wasser mit einem Pürierstab zermusen. Das Öl mit den Schneebesen eines Handrührgerätes tropfenweise unter die Masse rühren. Mit Salz und Zitrone abschmecken.

Meerrettichcreme

MANDELN
WASSER
ÖL
SALZ
MEERRETTICH
AHORNSIRUP

---

100 g Mandeln · 50 ml Wasser · 100 ml Öl · $^{1}/_{2}$ TL Salz
180 g Meerrettich · 1 TL Ahornsirup

Frischen Meerrettich schälen und ganz fein raspeln. Ansonsten gleicht die Zubereitung der im vorigen Rezept. Zum Schluß den Meerrettich hinzufügen. Die Creme läßt sich durch Wasser beliebig verdünnen, so daß eine flüssige Sauce entsteht.
Sie eignet sich als Dip fürs kalte Büffet, man kann sie aber auch zu warmen Fleischgerichten reichen.

Avocadodip

AVOCADO
PFEFFER
SALZ
ZITRONE

---

1 Avocado · je 1 Prise Pfeffer und Salz · 1 TL Zitronensaft

Die Avocado längs aufschneiden, den Kern entfernen und die Schale abziehen. Das Fruchtfleisch in Stücke schneiden und mit dem Mixstab pürieren. Pfeffer, Salz und Zitronensaft zugeben. Ohne Zitrone wird der Dip schnell braun und unansehnlich.
Avocados muß man sorgfältig aussuchen. Um einen solchen

Dip herzustellen, müssen sie voll ausgereift sein. Die Schale muß auf Druck leicht nachgeben. Sie sollte dunkelgrün, glänzend und elastisch sein. Wenn die Früchte überreif sind, wird sie braun und brüchig. Da die bei uns im Handel befindlichen Avocados unreif geerntet werden und während des Transportes nachreifen, findet man oft welche, die noch zu fest sind. Sie reifen jedoch relativ problemlos auf der Fensterbank.

Salate

Blattsalat

Salat nach Wahl
Essig oder Zitrone
Öl
Salz
Pfeffer

---

300 g Blattsalat · 2 EL Öl · 3 EL Essig oder Zitronensaft
je eine Prise Pfeffer und Salz

Wählen Sie unter den verschiedenen Blattsalaten die Sorte, die Ihnen am besten schmeckt und bekommt. Der klassische Kopfsalat ist am besten im Sommer, Feldsalat, Chicorée und Endivien sind ausgesprochene Wintersorten. Das Angebot wurde in den letzten Jahren durch krossen Eisbergsalat, herben Radicchio und verschiedenste Pflücksalate erweitert. Man kann die Salate auch mischen. Verwenden Sie hierzu doch einmal Kresse. Pur schmeckt sie etwas streng, aber als Beimischung sehr interessant. Sie ist reich an Calcium.
Das A und O für einen guten Salat ist der Einkauf einwandfrei frischer Ware. Achten Sie darauf, möglichst Freilandsalat zu kaufen, da Salat aus dem Treibhaus übermäßig viel Nitrat enthält.
Die diversen Salate werden verschieden zubereitet und angerichtet. Großblättrige Salate werden grob zerpflückt. Beim Feldsalat müssen die einzelnen Pflänzchen von der Wurzel und von welken Blättern befreit werden. Endivienköpfe

schneidet man einmal längs durch, legt sie auf die Schnittfläche und schneidet sie dann in möglichst feine Querstreifen. Arbeiten Sie dabei von der Wurzel zu den Blattspitzen. Die obersten Blattspitzen sind oft hart und leicht beschädigt, besonders wenn der Salat bis tief in den Winter im Freien war. Schneiden Sie einfach so lange weiter, bis die Blätter rauh und grob werden, der Rest wandert dann auf den Kompost. Chicorée kann man genauso behandeln wie Endivien, die Streifen müssen nicht ganz so fein sein. Bei der Kresse verwendet man die ganzen Pflänzchen, die über der Wurzel abgeschnitten werden.
Der geputzte Salat muß, besonders wenn er draußen gewachsen ist, mehrmals gründlich in reichlich Wasser gewaschen werden. Beeilen Sie sich damit, denn wenn er zu lange gewässert wird, laugen die wertvollen Vitamine aus.
Bereiten Sie nun aus Essig, Öl, Salz und Pfeffer ein Dressing und übergießen Sie den Salat damit kurz vor dem Servieren. Salat muß immer frisch angemacht werden. Er verdirbt sehr schnell.

Tip: Versuchen Sie mal, die Mandelmayonnaise von Seite 80 mit entsprechend viel Wasser zu verdünnen. Das gibt ein wundervolles Dressing. Experimentieren Sie ruhig auch mit anderen Dips.

Körnersalat

HIRSE
WASSER
WEISSKOHL
ÖL
ESSIG
PFEFFER
SALZ
SONNENBLUMENKERNE

---

150 g Hirse · 400 ml Wasser · 300 g Weißkohl
2 EL Öl · 3 EL Essig · je 1 Prise Pfeffer und Salz
30 g Sonnenblumenkerne

Die Hirse abbrausen und in Wasser 30 Minuten auf kleiner Flamme garen. Abkühlen lassen. Den Weißkohl waschen, putzen und in feine Streifen schneiden oder hobeln. Aus Essig, Öl, Pfeffer und Salz ein Dressing rühren. Alle Zutaten bis auf die Sonnenblumenkerne in einer Schüssel mischen. Die Kerne ohne Fett etwa 3 Minuten in der Pfanne rösten, bis sie bräunen. Über den fertig angerichteten Salat streuen.

Waldorfsalat

Apfel
Pastinake
Walnüsse
Mandeln
Wasser
Öl
Salz
Zitrone
(Kopfsalat)

---

4 Äpfel (ca. 600 g) · Saft einer halben Zitrone
150 bis 200 g Pastinaken · 50 g gehackte Walnüsse
1 Portion Mandelmayonnaise (siehe Seite 80)

Die Mayonnaise nach Rezept zubereiten. Die Äpfel und die Pastinaken waschen, ausschneiden und schälen. Die Äpfel in kleine Würfel schneiden und die Pastinaken raspeln. Die Äpfel mit Zitronensaft beträufeln. Alle Zutaten in einer großen Schüssel vermischen, eventuell etwas nachsalzen.
Wenn das Auge mitessen soll, kann man den Waldorfsalat auf einigen ausgesuchten Salatblättern auf einer Platte anrichten und mit ganzen Walnußkernen garnieren.

Vorsicht bei Nußallergien!

Kartoffelsalat

Kartoffeln
Mandeln
Wasser
Öl
Salz
Zitrone

---

1 kg Kartoffeln · Mandelmayonnaise (siehe Seite 80)

Die Kartoffeln waschen und mit einem Fingerbreit Wasser im Topf 30 Minuten garen. Stark ankochen; wenn eine Dampffahne am Deckelrand erscheint, auf kleinste Flamme zurückschalten. Die Mayonnaise nach Rezept bereiten. Das Kartoffelwasser abschütten und die Kartoffeln auskühlen lassen. Schälen und in Scheiben schneiden, mit der Mayonnaise mischen, eventuell etwas nachsalzen. Man kann diesen Kartoffelsalat gut auf Vorrat anfertigen und einen Tag im Kühlschrank aufheben. Vor dem Servieren noch einmal abschmecken, da der Salat das Salz in sich aufnimmt und der Geschmack erfahrungsgemäß nach einigen Stunden etwas »verblaßt«.
Kartoffelsalat kann als kräftiges Hauptgericht etwa zu Frikadellen gereicht werden, sollte aber auch auf keinem kalten Buffet fehlen.
Nach Belieben läßt er sich mit Feldsalat, Endivien oder Tomaten variieren. Diese Zutaten sollten aber erst kurz vor dem Servieren untergemischt werden.

Obstsalat

Obst nach Wahl
Zitrone
Ahornsirup
Salz

---

500 g frisches Obst nach Wahl · 3 EL Zitronensaft
3 EL Ahornsirup · 1 Prise Salz

Das Obst waschen und je noch Bedarf schälen, entkernen oder kleinschneiden. Aus Zitronensaft, Ahornsirup und Salz eine Sauce rühren und in einer Schüssel mit dem vorbereiteten Obst mischen.

Die Auswahl des Obstes richtet sich nach der Jahreszeit und nach Ihren persönlichen Voraussetzungen. Je nachdem, ob Sie süße oder saure Früchte bevorzugen, können Sie den Anteil von Sirup oder Zitrone variieren. Die Prise Salz unterstreicht den Fruchtgeschmack.

Apfelrohkost

Apfel
Zitrone
Möhren
Sellerie
Ahornsirup
Öl

---

400 g Äpfel · Saft einer halben Zitrone · 300 g Möhren
100 g Sellerie · 4 TL Ahornsirup · 1 TL Öl

Obst und Gemüse waschen, ausschneiden und putzen, alles fein raspeln. Die Äpfel mit Zitronensaft beträufeln. Alle Zutaten vermischen.

Krautsalat

Weisskohl
Salz
Kümmel

---

600 g Weißkohl · 1 TL Salz · evtl. 1 TL Kümmel

Den Weißkohl hobeln und in einer stabilen Metallschüssel gut mit dem Salz mischen. Mit einem Kartoffelstampfer kräftig stampfen. Über Nacht stehenlassen. Wer möchte, kann den Salat mit Kümmel würzen.

Gemüsegerichte und Beilagen

Universalrezept Gemüse

Gemüse nach Wahl
Wasser
Salz

Etwa 800 g Gemüse · Kochwasser · 1 TL Salz

Das Gemüse waschen, putzen und kleinschneiden. In einen Topf geben, salzen und Wasser angießen, bis der Boden fingerbreit bedeckt ist. Die Wassermenge ist unabhängig von der Menge des Gemüses. Bei starker Hitze ankochen, bis eine Dampffahne am Deckelrand erscheint, die Hitze drosseln und auf kleinster Stufe 30 Minuten garkochen. Der Deckel darf bei dieser Garmethode nicht zwischendurch abgehoben werden, da sonst zuviel Wasser entweicht und das Gemüse anbrennen könnte.

Auf diese Weise kann man viele Gemüse zubereiten, z. B.: Möhren, Pastinaken, Kohlrabi, Kohlrüben, Blumenkohl, Brokkoli, Rosenkohl, Weißkohl, Sellerie oder Schwarzwurzeln.

Sie können das Gemüse »natur« reichen, auf der Pfanne in etwas Fett schwenken oder mit einer Sauce von Seite 76 ff. servieren. Stellen Sie mit Kartoffeln oder Reis und Fleisch (ab Seite 106) ein Hauptgericht zusammen.

Kartoffeln

KARTOFFELN
WASSER
SALZ

Von Friedrich dem Großen als »Waffe« gegen Hungersnöte eingeführt, gilt die Kartoffel bei uns inzwischen als sättigende Beilage. Man kann sich gar nicht mehr vorstellen, daß unsere Vorfahren noch vor 500 Jahren ohne diese Knolle auskamen. Und auch, daß Kartoffelgerichte als exotische Spezialität an den Höfen gereicht wurden, finden wir heute eher kurios.
Kartoffeln haben nicht überall den Stellenwert wie bei uns. In Frankreich fallen sie eher unter die Kategorie Gemüse und werden in wesentlich kleineren Mengen verzehrt.

Für den deutschen Geschmack braucht man für 4 Personen:

Ca. 1 kg Kartoffeln · etwas Salz · Kochwasser

Man koche Kartoffeln in einem nicht zu großen Topf. Die Menge des Kochwassers soll so bemessen sein, daß der Topfboden fingerbreit bedeckt ist, unabhängig von der Menge der Kartoffeln. Auf stärkster Stufe ankochen; wenn eine Dampffahne am Deckelrand erscheint, bei minimaler Temperatur etwa 30 Minuten garkochen. Den Deckel während der ganzen Zeit geschlossen halten, damit der Wasserdampf im Topf bleibt.
Diese Garmethode kann man für Pellkartoffeln, die man in der Schale kocht, genauso anwenden wie für geschälte Kartoffelstücke. Letztere schwach salzen.
Geschälte Kartoffeln sofort kochen, da sie sonst schwarz werden. Man kann das verhindern, indem man sie mit Wasser bedeckt. Das sollte aber die Ausnahme bleiben, da dabei wertvolle Inhaltsstoffe ausgelaugt werden.

Versuchen Sie niemals, Kartoffeln »in Etappen« zu kochen. Wenn sie »auf halber Strecke« einmal ausgekühlt sind, werden sie nicht mehr gar, egal wie lange man sie weiterkocht.

Reis als Beilage

Reis
Wasser
Salz

---

400 g Reis · 800 ml Wasser · 2 TL Salz

Alle Zutaten in einen Topf geben, stark ankochen und bei schwacher Hitze 30 Minuten ausquellen lassen.
Auf die gleiche Weise können Sie Grünkern als Beilage zubereiten.

Achtung: Grünkern ist *nicht* glutenfrei!

Sellerie überbacken

Sellerie
Champignons
Wasser
Sauce hollandaise (siehe Seite 76)

---

1 große Sellerieknolle, ca. 700 g · 400 g Champignons · Kochwasser
Sauce hollandaise nach Rezept 1 oder 2

Sellerie waschen, schälen und in Scheiben schneiden. Im Topf mit einem Fingerbreit Wasser stark ankochen. Wenn sich eine Dampffahne bildet, auf schwächste Stufe stellen und 15 Minu-

ten bei geschlossenem Deckel köcheln lassen. Die Pilze waschen, putzen und in ganz dünne Scheiben schneiden. Nach Rezept 1 oder 2 eine Sauce hollandaise zubereiten. Den garen Sellerie in eine flache Auflaufform legen und die rohen Pilze daraufschichten. Mit der Sauce übergießen und bei 200 °C 10 Minuten überbacken.
Dazu passen Reis, Kartoffeln oder Nudeln.

Weißkohleintopf

WEISSKOHL
KARTOFFELN
WASSER
SALZ

1,3 kg Kartoffeln · 700 g Weißkohl · ca. 100 ml Wasser · Salz

Kartoffeln schälen und in Scheiben schneiden, Weißkohl waschen und kleinschneiden oder hobeln. Wasser in einen Topf geben. Es soll den Boden fingerbreit bedecken. Nun abwechselnd Kartoffeln und Kohl einschichten. Mit Kartoffeln beginnen. Auf jede Schicht etwas Salz streuen. Bei großer Hitze ankochen, bis sich eine Dampffahne am Deckelrand zeigt. Die Hitze drosseln und auf kleinster Stufe 30 Minuten garkochen.
Wer Kümmel verträgt (und mag), kann ganze Körner mitkochen. Er wirkt übrigens den Blähungen entgegen, die Kohl verursacht.
Dazu paßt ein kräftiger Braten.

Gefüllte Champignons

Hirse
Wasser
Salz
Champignons
Tomaten

---

150 g Hirse · 300 ml Wasser · 1 Prise Salz
400 g große Zuchtchampignons · 800 g Tomaten

Die Hirse in Wasser aufkochen und 20 Minuten bei kleinster Hitze ausqellen lassen. Die Champignons waschen. Die Stiele herausschneiden und kleinhacken. Unter den garen Hirsebrei mischen und salzen. Die Tomaten mit kochendem Wasser überbrühen, die Haut und alle grünen Teile entfernen. Das Fruchtfleisch in Würfel schneiden. In eine flache Auflaufform schichten. Den Hirsebrei in die umgekehrten Pilzköpfe füllen und auf die Tomaten setzen. Mit Deckel oder Alufolie bedecken und 45 Minuten bei 200 °C backen.
Der Auflauf kann als vegetarisches Hauptgericht oder als Beilage zu Fleisch oder Geflügel gereicht werden. Ein einzeln angerichteter Pilzkopf eignet sich als Vorspeise.

Gemüsezwiebeln gefüllt

Hirse
Wasser
Salz
Zwiebeln
Tomaten
Maismehl

---

150 g Hirse · 300 ml Wasser · 1 Prise Salz · 4 Gemüsezwiebeln
700 g Tomaten · 3 EL Maismehl · 1/2 Tasse Wasser

Die Hirse in Wasser aufkochen und 20 Minuten auf kleinster Flamme köcheln lassen. Die Zwiebeln schälen und aushöhlen; so daß noch 2 Schichten stehenbleiben. Das Innere hacken, die Tomaten heiß überbrühen und abziehen. Die Hälfte der gehackten Zwiebeln unter den Hirsebrei mischen, salzen und in die Zwiebeln füllen. In einen Bratentopf setzen und die Tomaten mit den restlichen Zwiebelwürfeln und etwas Salz dazufügen. Stark ankochen und bei kleiner Hitze und geschlossenem Deckel 40 Minuten dünsten. Das Maismehl in etwas Wasser gut verrühren. Die garen Zwiebeln aus dem Topf nehmen, die Sauce noch einmal aufkochen und das Mehl einrühren, bis es andickt.
Dazu passen Reis oder Kartoffeln.
Den Hirsebrei kann man mit gehackter Petersilie oder Schnittlauch würzen, falls man das verträgt.

Polentaschnitten mit Tomaten

Mais
Wasser
Salz
Tomaten
Champignons
Pfeffer
Fett

400 g Polenta · 800 g Wasser · 1 TL Salz · Fett zum Braten
1 kg Tomaten · 500 g Champignons · 1 Prise Salz und Pfeffer

Wasser zum Kochen bringen, Polenta einrühren und salzen. Den Brei einmal aufkochen, in eine Kastenform drücken und erkalten lassen. Am besten läßt man ihn über Nacht stehen.
Die Tomaten überbrühen, schälen und die grünen Teile entfernen. Die Champignons waschen und kleinschneiden. Zusammen in einen Topf geben, stark ankochen und 15 Minuten bei kleiner Hitze schmoren lassen. Salzen und pfeffern.
Die erkaltete Polenta auf ein Brett stürzen und fingerdicke Scheiben davon abschneiden. In einer Pfanne Fett erhitzen und die Scheiben darin von beiden Seiten knusprig braten.
Die Polenta kann man wahlweise mit Muskat oder Kräutern wie Thymian, Majoran oder Oregano würzen. Die Kräuter passen auch zum Tomatengemüse. Besonders gut schmeckt es mit gehacktem frischen Basilikum. Getrocknete Kräuter mitkochen, frische am Ende der Garzeit darüberstreuen.

Pellkartoffeln mit Sojaquark

KARTOFFELN
SOJA
ZITRONE
SALZ

---

1 kg Kartoffeln · Kochwasser · 320 g Tofu · 100 ml Öl
40 ml Sojamilch · 2 EL Zitronensaft · 1 TL Salz

Die Kartoffeln bürsten und mit der Schale in Wasser 30 Minuten kochen, dann schälen. Den Tofu mit dem Pürierstab zermusen. Mit den Schneebesen des Handrührgerätes abwechselnd kleine Portionen von Sojamilch und Öl einrühren. Würzen und zu den heißen Pellkartoffeln servieren.

Kidneybohnen als Beilage

KIDNEYBOHNEN
WASSER
MAIS
SALZ

---

500 g Kidneybohnen · 2 l Wasser · 2 TL Salz · 2 EL Maismehl

Die Bohnen abbrausen, in 2 Litern Salzwasser über Nacht einweichen und 2 Stunden bei mittlerer Hitze kochen. Wenn die Bohnen weich sind, einige davon mit dem Kochlöffel zerdrücken. Etwas von der Flüssigkeit in eine Tasse füllen, das Maismehl hineinrühren, zu dem Eintopf geben und unter Rühren aufkochen, bis das Mehl dickt.

Dieser Bohneneintopf paßt zu allen deftigen Fleischgerichten, kann aber auch mit einem Stück Brot als kräftiger Imbiß gereicht werden. Man kann nach Belieben während der letzten 20 Minuten Gemüse mitkochen.
Das Gericht eignet sich besonders zur Vorratshaltung in der Gefriertruhe. In Portionen eingefroren kann es aus mancher Verlegenheit helfen.

Blumenkohl auf Kartoffelpüree

BLUMENKOHL
WASSER
KARTOFFELN
SEMMELBRÖSEL AUS IHREM BROT
FETT
SALZ
MUSKAT

---

1 Blumenkohl von etwa 800 g · Kochwasser · 800 g Kartoffeln
Kochwasser · 2 TL Salz · etwas Muskat
4 EL Semmelbrösel (selbstgemacht aus Ihrem Brot, keinesfalls fertige Brösel verwenden)
Fett zum Anbraten

Den Blumenkohl von den Blättern befreien, waschen und in einem Topf mit einem Fingerbreit Salzwasser aufsetzen. Stark ankochen und auf kleinste Stufe stellen, wenn sich eine Dampffahne zeigt. 30 Minuten garen. Die Kartoffeln schälen und auf die gleiche Weise kochen. Die garen Kartoffeln mit etwas Wasser, Salz und Muskat zusammen mit den Schneebesen des Handrührers schlagen. Nie den Pürierstab verwenden, das gibt eine kaugummiartige Masse. Anfänger sollten das Kochwasser der Kartoffeln in einen Meßbecher abschütten

und 100 ml davon abmessen, um es für den Kartoffelbrei zu verwenden. Profis haben das »im Handgelenk«.
Während der Kochzeit von Blumenkohl und Kartoffeln die Semmelbrösel in Fett rösten. Wer es verträgt, sollte unbedingt Butter bevorzugen. Den Kartoffelbrei auf einer im Backofen leicht vorgewärmten Platte anrichten, den Blumenkohl daraufsetzen und mit den Semmelbröseln übergießen.
Die Menge ist als Beilage berechnet. Wer den Blumenkohl ohne Fleisch als Hauptgericht reichen möchte, muß sie verdoppeln.

Blumenkohl überbacken

Blumenkohl
Wasser
Kartoffeln
Sauce hollandaise (siehe Seite 76) oder Käse
Salz
Muskat

Man kann den Blumenkohl auch auf Kartoffelpüree überbacken, anstatt ihn mit gerösteten Semmelbröseln zu bestreuen. Dazu braucht man 100 g Käse, am besten Gouda oder Raclettekäse für das einfache Rezept. Eine aufwendigere Möglichkeit ist das Überbacken mit Sauce hollandaise nach dem Rezept 1 oder 2 (mit oder ohne Milch). Das Gericht wird zubereitet wie oben beschrieben. Anstatt auf einer Platte richtet man es in einer flachen Auflaufform an, bedeckt es mit Käse oder Sauce hollandaise und backt es 10 Minuten bei 200 °C, bis der Käse geschmolzen bzw. die Sauce gestockt ist.

Nudelgerichte

Fertige Nudeln

Auch wenn man bei Nudeln erst einmal an Weizen und Eier denkt, es gibt trotzdem eine ganze Menge darunter, die Sie getrost essen können.
Wer keine **Milch** und kein **Ei** verträgt, kann relativ problemlos auf die italienischen Hartweizenprodukte zurückgreifen. Sie bestehen aus Hartweizengrieß und Wasser. Vorsicht allerdings bei Lasagne, sie enthalten meist Ei, und auch gefüllte Nudeln sind auf Herz und Nieren zu prüfen. Die gängigen Produkte bestehen nicht aus Vollkorn.
Wer kein **Gluten** verträgt, kann im Reformhaus oder bei Spezialfirmen glutenfreie Nudeln bekommen. Das ist besonders für Kinder wichtig, die nun mal gerne Spaghetti mögen. Die kann man nicht so leicht selbermachen. Außerdem gibt es im Naturkosthandel ganz leckere Buchweizennudeln aus dem vollen Korn. Manche der asiatischen Glasnudeln aus Reis- oder Bohnenstärke sind auch glutenfrei.
Bezugsadressen finden Sie im Anhang, eine Auswahl von Herstellern, die mir die Zusammensetzung ihrer Produkte mitgeteilt haben, in der Produktliste auf Seite 54.
Wenn es schwierig sein sollte, die Nudeln in kleinen Mengen zu beziehen: Sie halten sich in der verschlossenen Packung einige Monate, so daß man auf Vorrat kaufen kann. Für 4 Personen reichen ca. 500 g fertige getrocknete Nudeln. Man braucht mindestens 2, besser noch 3 l Kochwasser mit etwas Salz.

Bei allen genannten Nudeln ist es wichtig, daß das Kochwasser sprudelnd kocht, bevor man die Nudeln hineinschüttet. Sonst kleben sie zu einem unförmigen Klumpen zusammen. Nach dem ersten Aufwallen kann man die Hitze auf schwächste Stufe stellen und die Nudeln je nach Sorte 5–10 Minuten garziehen lassen. Ab und zu vorsichtig mit einem Kochlöffel hin und her bewegen. Auf einem Sieb abschütten und in einer Schüssel anrichten. Wenn man sie mit einigen Löffeln Öl übergießt oder ein Stück Butter dazugibt, vermeidet man, daß sie verkleben.
Nudeln passen zu fast allem, ob Fleisch, Fisch oder Gemüse, und mit einer Sauce oder Käse ergeben sie ein gutes Hauptgericht. Auch als Zutat für Aufläufe sind sie nicht zu verachten.

Lasagne al forno 1

Buchweizen
Ei
Wasser
Hackfleisch
Tomaten
Zwiebeln
Sahne
Joghurt
Käse
Salz
Kräuter
Fett

Für die Nudeln:

500 g Buchweizen · 2 Eier · 200 ml Wasser · 1 Prise Salz

Für die Füllung:

Fett zum Anbraten · 2 Zwiebeln (ca. 200 g)
600 g Hackfleisch, Rind oder Schwein nach Wahl
1 kg Tomaten · 200 ml Wasser · 8 EL süße Sahne · Salz
1 EL italienische Kräuter · 1 kg Naturjoghurt
300 g fester Schnittkäse nach Wahl · Fett für die Form

Den Buchweizen fein mahlen und mit den anderen Zutaten zusammen verkneten. Der Teig muß geschmeidig und fest werden und sich von den Händen lösen. Gut durcharbeiten und dann mit einem feuchten Tuch bedeckt kühl stellen. Denken Sie daran, etwas Mehl zum Ausrollen aufzuheben.
Die Zwiebel schälen und in Ringe oder Würfel schneiden. Die Tomaten mit kochendem Wasser überbrühen und die Haut und alle grünen Teile entfernen. In einer Deckelpfanne oder einem Schmortopf die Zwiebeln in Fett bräunen und das Hackfleisch anbraten. Die Tomaten und das Wasser dazugeben und bei geschlossenem Deckel 15 Minuten schmoren. Die Sahne unterrühren und mit Salz und Kräutern würzen.
Während die Fleischsauce schmort, den Nudelteig hervorholen und noch einmal kräftig durcharbeiten. Ein großes Arbeitsbrett und die Nudelrolle mit Buchweizenmehl bestäuben und den Teig zu dünnen Platten ausrollen, deren Größe sich nach der Auflaufform richtet. Die sollte möglichst einen Deckel haben.
Wenn alles bereitsteht, die Form fetten und alles schichtweise einfüllen: Fleischsauce, Nudel, Joghurt, Nudel, Fleischsauce usw. Darauf achten, daß alle Nudeln rundum bedeckt sind, besonders die oberste. Mit Deckel 50 Minuten bei 200 °C im Rohr garen. Anschließend 10 Minuten ohne Deckel mit Käsescheiben überbacken.

Anmerkung: Italienische Kräutermischungen enthalten verschiedene Gewürzpflanzen. Sie geben einen ganz typischen Geschmack. Wer mit Kräutern seine Schwierigkeiten hat, kann sie natürlich auch weglassen. Oder versuchen Sie es mit »sortenreinen«, etwa nur Oregano, nur Basilikum, nur Thymian oder Majoran oder Rosmarin.

Lasagne al forno 2

Weizen
Öl
Salz
Tomaten
Zwiebeln
Hackfleisch
Kräuter
Wasser
Fett

Für die Nudeln:

400 g Weizenmehl »doppeltgriffig« Type 405
4 EL Öl · 150 ml Wasser · 1 TL Salz

Für die Füllung:

Fett zum Anbraten · 400 g Zwiebeln
1 kg Hackfleisch vom Rind oder Schwein · 1,6 kg Tomaten
1 TL Salz · 2 TL getrocknete Kräuter nach Wahl

Alle Nudelzutaten in eine Schüssel geben und etwa 5 Minuten kräftig kneten, bis ein glatter, zäher Teig entsteht. In einer luftdichten Dose oder einem feuchten Tuch verpackt im Kühlschrank ruhen lassen.

Die Zwiebeln in Ringe schneiden, die Tomaten mit kochendem Wasser überbrühen, die Haut abziehen und alle grünen Teile entfernen. Kleinschneiden. In einer hohen Deckelpfanne Fett erhitzen und die Zwiebeln leicht bräunen. Das Hackfleisch dazugeben und unter ständigem Rühren anbraten. Mit den geschnittenen Tomaten auffüllen. Alles kräftig vermischen und mit Deckel bei mittlerer Hitze 15 Minuten köcheln. Salz und Kräuter dazugeben.

Den Teig aus dem Kühlschrank holen, in Stücke teilen und auf einem bemehlten Brett dünn ausrollen. Schichtweise mit

der Sauce in eine Auflaufform füllen. Alle Nudelplatten müssen gut von der Sauce umschlossen sein, besonders die unterste und die oberste.
Die Form mit einem Deckel oder einer Alufolie verschließen und 20 Minuten bei 250 °C im Backofen garen. Wenn die Sauce heiß ist, reicht diese Garzeit für die Nudeln. Kalt eingeschichtet braucht der Auflauf mindestens doppelt so lange, bis er in der Mitte heiß ist und die Nudeln gar sind.

Spätzle 1

WASSER
WEIZENMEHL
SALZ

---

600 g Weizenmehl Type 405 »extra griffig« oder Dunst
400 ml Wasser · 1 TL Salz · reichlich Kochwasser

Weizenmehl, Wasser und Salz mit den Knethaken des Handmixers und danach mit den Händen zu einem glatten Teig verarbeiten. Reichlich Salzwasser zum Kochen bringen. Wenn es sprudelt, den Teig durch eine Spätzlepresse in das Wasser geben oder vom Brett hineinschaben. Nach 5 Minuten sind die Nudeln gar. Damit der Teig sofort erstarrt, muß das Wasser für jede neue Portion Teig frisch aufkochen. Es empfiehlt sich, die fertigen Spätzle jedesmal mit einem Schaumlöffel abzuschöpfen. Nur soviele Spätzle, wie an der Wasseroberfläche Platz haben, können auf einmal gegart werden.
Sie eignen sich gut als Beilage zu Gemüse oder Fleisch. Wer Käse verträgt, kann sie damit überbacken und hat so mit einem Salat als Beilage ein sättigendes Hauptgericht.
Weizenmehl »extra griffig« ist ebenso ein Auszugsmehl wie das normale Mehl Type 405. Lediglich die Körnung ist grö-

ber. In manchen Gegenden wird ein ähnliches Produkt unter der Bezeichnung »Dunst« angeboten. Es ergibt besonders zähe Teige. Deshalb gelingen mit diesem Mehl die Spätzle auch ohne Ei.

Spätzle 2

BUCHWEIZEN
MAIS
EI
WASSER

---

200 g Buchweizen · 200 g feines Maismehl · 2 Eier
200 ml Wasser · 1 TL Salz · reichlich Wasser zum Kochen

Den Buchweizen fein mahlen. Alle Zutaten zu einem glatten Teig verrühren. 15 Minuten quellen lassen. Reichlich Salzwasser zum Kochen bringen. Wenn es kräftig sprudelt, den Teig durch eine Spätzlepresse hineingeben. Damit das im Teig enthaltene Ei sofort erstarrt, muß das Wasser für jede neue Portion Teig frisch aufkochen. Es empfiehlt sich, die fertigen Spätzle jedesmal mit einem Schaumlöffel abzuschöpfen. Nur soviele Spätzle, wie an der Wasseroberfläche Platz haben, können auf einmal gegart werden.

Fleischgerichte

Hähnchen im Rohr

Hähnchen
Äpfel
Zwiebeln
Pflaumen
Salz
Wasser

---

1 großes Hähnchen von etwa $1^1/_2$ kg
1 kg Äpfel (ca. 6 Stück) · 200 g Zwiebeln
10 gedörrte Pflaumen (ungeschwefelt, auf Zusatzstoffe achten!)
etwas Wasser · 2 TL Salz

Das Hähnchen waschen und innen und außen kräftig mit Salz einreiben. In diesem Fall nicht zu sparsam würzen, denn das Gewürz soll dem ganzen Gericht seinen Geschmack geben. Äpfel und Zwiebeln schälen und in Stücke schneiden, Pflaumen gegebenenfalls entkernen. Den Boden eines Bratentopfes fingerbreit mit Wasser bedecken, Zwiebeln und Obst einschichten, das Hühnchen darauflegen. Mit geschlossenem Deckel im Backofen bei 250 °C 1 Stunde lang garen. Den Deckel abnehmen und noch 10 Minuten knusprig backen. Falls Sie ein Hähnchen mit Innereien gekauft haben, diese einfach im Topf mitgaren.
Wenn das Huhn einmal im Topf ist, macht es keine Arbeit mehr und brennt im Ofen garantiert nicht an. Wer einen dekorativen Bratentopf hat, kann das Gericht darin auftragen,

sonst das Huhn auf einer Platte und das Obst in einer Extraschüssel servieren.
Als Beilage eignet sich Reis, eine kleine Tasse pro Person, mit der doppelten Menge Wasser und etwas Salz 20 Minuten gekocht.
Wer Sahne verträgt, kann das Obst mit einigen Eßlöffeln davon verfeinern.

Achtung: Menschen, die auf Eier allergisch reagieren, vertragen manchmal auch kein Hühnerfleisch. Falls Sie zu diesem Personenkreis gehören, versuchen Sie das Rezept mit Ente, Gans oder Pute. Die Mengenangaben und Garzeiten passen Sie der Größe des Geflügels an. Natürlich kann man auch Gänsebrust oder Putenkeulen verwenden, wenn ein ganzer Vogel zu groß ist.

Grillhähnchen

Hähnchen
Salz
Paprika
Wasser
Olivenöl

---

1 großes Hähnchen von etwa $1^1/_2$ kg · 2 TL Salz
2 TL Paprikapulver · Wasser · 1 EL Olivenöl

Das Hähnchen waschen und abtrocknen, von innen und außen mit den Gewürzen einreiben, auf einen Bratrost legen. Innereien in die Bauchhöhle stecken. Den Bratrost auf eine tiefe Grillpfanne legen, diese mit Wasser füllen und in den Ofen schieben. Bei 250 °C 1 Stunde lang backen. Nach 10 Minuten das Hähnchen mit einem EL Olivenöl übergießen. Ab und zu kontrollieren, ob das Wasser in der Grillpfanne nachgefüllt werden muß. Das Hähnchen wird rundum wunderbar knusprig; in der Grillpfanne bildet sich eine klare Sauce.

Geschmorter Hammel

Hammelfleisch
Knoblauch
Zwiebeln
Wasser
Salz
Fett

Für 5–6 Personen:

$1^1/_2$ kg Hammelkeule · 3 Zehen Knoblauch · Salz
1 kg Zwiebeln · 300 ml Wasser · Fett zum Anbraten

Das Fleisch waschen und mit einem Küchentuch trockentupfen. Den Knoblauch schälen und zu Stiften schneiden. Mit einem spitzen Messer Löcher in das Fleisch stechen und den Knoblauch hineinstecken. Von allen Seiten gut mit Salz einreiben. Die Zwiebeln schälen und kleinschneiden. In einem schweren Bratentopf Fett erhitzen und das Fleisch rundum braunbraten. Die Zwiebeln dazugeben und ebenfalls etwas anbräunen. Dabei ständig umwenden. Mit Wasser ablöschen. Bei kleiner Hitze mit Deckel 2 Stunden lang schmoren.
Das Fleisch aus der Sauce nehmen und die Zwiebeln mit einem Pürierstab zerkleinern. Eventuell noch etwas nachsalzen.
Dazu passen z. B. alle Kohlgemüse oder grüne Bohnen und natürlich Kartoffeln.

Rinderbraten

Rindfleisch
Zwiebeln
Champignons
Tomaten
Kohlrabi
Sellerie
Fett
Salz
Wasser

Für 6 Personen:

---

400 g Zwiebeln · 600 g Champignons · 600 g Tomaten
400 g Kohlrabi · 500 g Sellerie · 1 kg Rinderbraten ohne Knochen
Salz · Fett zum Anbraten · 400 ml Wasser

Alles Gemüse waschen, putzen und kleinschneiden. Den Braten von allen Seiten kräftig mit Salz einreiben. Mit dem Salz nicht zu sparsam umgehen, denn es soll den ganzen Braten durchdringen und auch die Sauce würzen.
In einem Bräter Fett erhitzen. Den Braten darin bei stärkster Hitze ohne Deckel von allen Seiten anbräunen. Dabei öfter wenden. Die Zwiebeln dazugeben und ebenfalls leicht anbraten. Nun das restliche Gemüse beifüllen und mit Wasser ablöschen. Bei kleiner Flamme und geschlossenem Deckel 2 Stunden garen. Wenn die Temperatur richtig gewählt ist, besteht keine Gefahr, daß der Braten anbrennt. Zur Sicherheit trotzdem ab und zu kontrollieren, ob noch genug Flüssigkeit vorhanden ist.
Das gare Fleisch herausnehmen und das weichgekochte Gemüse mit dem Pürierstab zermusen. So entsteht eine sämige Sauce ohne stärkehaltige Bindemittel. Das Salz des Bratens und die verschiedenen Gemüse geben auch ohne zusätzliche Gewürze ein gutes Aroma.
Wer es verträgt, kann die Sauce mit Sahne oder auch Olivenöl

verfeinern. Die Gemüse sind austauschbar. Wer etwa auf Tomaten oder Sellerie reagiert, ersetzt diese Sorten einfach durch etwas anderes, vielleicht Brokkoli. Wer die Tomaten wegläßt, muß eventuell etwas Wasser zugeben, da sie verhältnismäßig saftig sind.
Dazu passen am besten Kartoffeln in jeglicher Form und ein roher Salat, um die in der Sauce zerkochten Vitamine auszugleichen.

Tafelspitz

RINDFLEISCH
WASSER
SALZ

---

1 kg Tafelspitz · 3 l Wasser · 1 EL Salz

Tafelspitz ist besonders feines, zartes Rindfleisch aus der Hüfte. Das Fleisch in Salzwasser kräftig ankochen, bis es sprudelt, dann bei mittlerer Hitze 2 Stunden garen. Das Kochen ist eine etwas in Vergessenheit geratene, aber sehr bekömmliche Art, Fleisch zuzubereiten, da dabei keine Röststoffe entstehen.
Zu dem gekochten Tafelspitz passen Kartoffeln und Rosenkohl mit einer Meerrettichcreme (siehe Seite 81).

Tip: Das Kochwasser auf keinen Fall weggießen. Sie ergibt eine wunderbare Suppengrundlage. Für eine Vorsuppe kann man während der letzten halben Stunde z. B. eine Möhre, eine Stange Lauch und eine Petersilienwurzel mitkochen. Man kann die Brühe aber auch einfrieren und für die nächste Suppe aufheben. Portionsweise eingefroren haben Sie immer einen wunderbaren Saucenfond!

Dieses Rezept kann man auch mit preisgünstigerem Suppenfleisch von Brustspitze, Brustkern oder Querrippe zubereiten. Es enthält mehr Fett, ist grobfaseriger und muß eventuell etwas länger kochen. Dieses Fleisch wird mit Knochen angeboten, man braucht also auch entsprechend mehr.

Rindfleischsalat

Rindfleisch
Mandeln
Öl
Wasser
Salz
Zitrone
Sellerie

---

500 g Tafelspitz · 400 g Sellerie · $1\frac{1}{2}$ l Wasser
1 TL Salz · Mandelmayonnaise (siehe Seite 80)

Den Tafelspitz in Wasser 2 Stunden lang garkochen. Den Sellerie waschen, putzen und in große Stücke schneiden. Während der letzten 30 Minuten mitkochen. Die Mayonnaise nach Rezept zubereiten. Das gare Fleisch und den Sellerie abkühlen lassen und kleinschneiden. Die Mandelmayonnaise darübergeben und alles gut vermischen.

Nudelsauce Bolognese

TOMATE
APFEL
ZWIEBEL
HACKFLEISCH
WASSER
SALZ

---

1 kg Tomaten · 2 Äpfel · 300 g Zwiebeln · 700 g Hackfleisch
200 ml Wasser · 2 TL Salz · Fett zum Anbraten

Die Tomaten mit kochendem Wasser überbrühen, schälen und die grünen Teile entfernen. Äpfel und Zwiebeln schälen, alles kleinschneiden. Die Zwiebeln in etwas Fett in einer großen Deckelpfanne anbraten und das Hackfleisch dazugeben. Ständig rühren, bis es gebräunt ist. Äpfel und Zwiebeln dazugeben, einmal kräftig aufkochen, mit Wasser ablöschen und ca. 15 Minuten bei kleiner Hitze köcheln lassen. Äpfel und Tomaten müssen zerfallen und ergeben eine sämige Sauce. Nach Geschmack salzen.
Nach Belieben mit frischen oder getrockneten Kräutern wie Thymian, Majoran, Salbei oder Oregano würzen.
Dazu passen natürlich am besten Spaghetti. Wer gegen Milch und Eier allergisch ist, kann die meisten der italienischen Hartweizenprodukte verwenden. Ausnahme: Lasagne.
Zöliakiebetroffene können auf bestimmte Sorten chinesischer oder japanischer Glasnudeln oder auf Buchweizenspaghetti ausweichen. Genaue Angaben über Hersteller siehe Tabelle Seite 54.

Frikadellen

HACKFLEISCH
ZWIEBEL
SOJA
SALZ
BRATFETT

---

800 g Hackfleisch vom Rind, Hammel oder Schwein
1 große Zwiebel · 5 EL Vollsojamehl
8 EL Sojamilch · Salz · Fett zum Braten

Die Zwiebel schälen und in feine Würfel schneiden. Mit den restlichen Zutaten mischen und Frikadellen formen. In heißem Fett von beiden Seiten braunbraten und bei mittlerer bis schwacher Hitze etwa 15 Minuten durchgaren. Nicht zu früh wenden. Wenn die Kruste noch nicht fest genug ist, bleiben die Frikadellen hängen und zerreißen.

Paniertes

FLEISCH
SEMMELBRÖSEL NUR VON IHREM SELBSTGEBACKENEN BROT
SOJA ODER WASSER

Es soll Meisterköche geben, die die Kunst des Panierens so gut beherrschen, daß sie ihre Gäste mit einem panierten Pappendeckel narren. Aber auch wenn man »nur« ein Stück Fleisch panieren will, muß man sich schon was einfallen lassen, wenn man ohne Gluten oder ohne Eier und Milch auskommen will.

Erste Regel: Verwenden sie nie gekauftes Paniermehl. Heben Sie Reste Ihres selbstgebackenen Brotes auf, die Sie auf der Reibe oder mit dem entsprechenden Raffelwerkzeug der

Küchenmaschine zerkleinern. Bei der Vorratshaltung zu beachten: Das Paniermehl muß immer ganz trocken sein, sonst schimmelt es. Im Notfall auf einem Backblech in den Ofen schieben, auf schwächste Hitze stellen und die Ofentür einen Spalt weit offen lassen. So trocknet es schnell. Auskühlen lassen und in dicht schließenden Behältern aufbewahren, denn Paniermehl gehört zu den Lieblingsspeisen der Mehlmotten!
Zum Panieren eignet sich zartes Fleisch, das nur kurz gebraten werden muß. Hier einige Vorschläge: Schnitzel oder Kotelett, Hähnchenfilet, Putenbrustschnitzel, Scheibchen von der Schweinelende. Natürlich kann man auf die gleiche Art auch Gemüse panieren, etwa gekochte Scheiben von Sellerie oder Kohlrabi. Eine besondere Delikatesse sind die panierten Hüte von Parasolpilzen (kann man nur selber sammeln, aber das ist eine andere Geschichte).
Um ein saftiges Kotelett zu panieren, wendet man es normalerweise zuerst in Ei und anschließend in Semmelbröseln. Das Ei hält die Panade zusammen, verschließt die Poren im Fleisch und hält es so sehr saftig. Es ist schwierig zu ersetzen. Eine Möglichkeit ist Sojamilch, die erstaunlich klebrig ist.

Für 4 Kotelettes braucht man:

---

ca. 100 g selbstgemachte Semmelbrösel · 1 TL Salz
soviel Sojamilch, wie nötig ist, den Boden eines Tellers zu bedecken
Fett zum Braten

Den Boden eines Tellers mit Sojamilch bedecken, auf einen zweiten Teller die Semmelbrösel mit dem Salz mischen. Das Fleisch waschen, abtupfen und zuerst in der Sojamilch und dann in den Semmelbröseln wenden. Das Ganze wiederholen. Es empfiehlt sich, das fertig panierte Fleisch etwa 15 Minuten stehenzulassen. Die Semmelbrösel quellen dann und verkleben, so daß sie besser zusammenhalten. In einer Pfanne Fett erhitzen. Das Fleisch von beiden Seiten etwa 3 Minuten braunbraten. Dann die Temperatur drosseln und etwa 10–15 Minuten durchbraten. Paniertes Fleisch wird langsam bei niedriger Temperatur gebraten. Durch die Panade wird es vor dem Austrocknen geschützt. Vorsicht: Nicht zu früh wenden, die Panade bleibt sonst an der Pfanne kleben. Sie muß sich leicht vom Boden lösen.

Wer kein Soja verwenden kann, feuchtet das Fleisch einfach mit Wasser an, damit die Brösel daran hängenbleiben. Die Kruste wird dann zwar nicht ganz so stabil und knusprig wie mit Sojamilch, aber es geht auch.

Für Paniertes eignet sich zum Braten am besten Butter oder Butterschmalz.

Hirschmedaillons à la Chef

Das folgende Rezept hat mir Günter Bauer, der Chef unseres Stammlokales *Gambrinus* in Steinheim, verraten. Die Hirschmedaillons stehen gar nicht auf der Speisekarte; es gibt sie manchmal, wenn er ein besonders gutes Stück Fleisch ergattert hat.

HIRSCH
ROTWEIN
LORBEER
PFEFFER
SALZ
NELKEN
FETT

---

4 Hirschmedaillons (Rückensteaks) von je etwa 200 g
1 Flasche Rotwein · 5 Lorbeerblätter · 10 schwarze Pfefferkörner
7 ganze Gewürznelken · 1 Prise Salz · Fett zum Braten

Die Medaillons in eine nicht zu große Schüssel geben und Wein dazugießen, bis sie komplett bedeckt sind. Die Gewürze

hinzufügen und mindestens fünf, höchstens 8 Tage im Kühlschrank aufbewahren.
Das Fleisch aus dem Wein nehmen und abtupfen. Pflanzenfett (keine Margarine) in einer Pfanne hoch erhitzen, das Fleisch von jeder Seite 3 Minuten braten. Nach dieser Garzeit ist es innen noch zartrosa, also medium. Um es ganz durchzubraten, braucht man von jeder Seite ca. 5 Minuten. Wer es verträgt, kann am Ende der Bratzeit 10 g Butter in die Pfanne geben. Das fertige Fleisch herausnehmen und zu dem Bratenfett eine halbe Tasse Wasser oder von der Marinade gießen. Aufkochen, umrühren und mit etwas Salz und Pfeffer nachwürzen, über die angerichteten Medaillons verteilen.

Achtung: Es kann sein, daß Sie mit Rotwein Ihre Schwierigkeiten haben, dafür aber Weißwein vertragen. Es gibt Weine, die mit Ei geklärt sind. Wenn Sie ganz auf Wein verzichten müssen, verwenden Sie eine Marinade aus Wasser und Essig zu gleichen Teilen. Der Geschmack wird dann etwas rustikaler.

Pfifferlinge

Zu den Hirschmedaillons serviert man im *Gambrinus* eine traumhafte Pfifferlingsauce, die leider »verbotene Dinge« enthält. Herr Bauer hat aber einen Vorschlag, wie auch Sie die Pilze zubereiten können:

PFIFFERLINGE
WASSER ODER WEIN
ZWIEBEL
SALZ
PFEFFER
MUSKAT
FETT

Pro Person 100 g frische Pfifferlinge
für 4 Personen 1 Zwiebel
zum Braten am besten Butter (es geht aber auch mit anderem Fett)
1 Schuß Wasser oder Wein · je 1 Prise Salz · Pfeffer und Muskat

---

Die Pilze waschen und putzen, die Zwiebel schälen und in feine Würfel schneiden. Fett erhitzen, alles anbraten, mit einem Schuß Wasser oder Wein ablöschen und bei mittlerer Hitze etwa 5 Minuten dünsten.
Als weitere Beilage schlägt Herr Bauer Birnenhälften vor, geschält und in wenig Wasser 5–10 Minuten bei kleiner Hitze gedünstet.
Dazu passen Salzkartoffeln, die die meisten vertragen.

Fleisch »natur« gebraten

Fleisch
Fett
Pfeffer
Salz

Wichtig ist die Auswahl des Fleisches. Es muß zart und feinfaserig sein. Es sollte von jungen Tieren stammen und muß gut abgehangen sein. Das gilt besonders für Rind und Wild. Bei einem guten Metzger hängt dieses Fleisch etwa 14 Tage, bis es »reif« ist. Man erkennt es an der dunklen rotbraunen Färbung. Vor werbewirksam hellroten Steaks aus dem Sonderangebot kann ich nur warnen. Sie sind meist zäh. Nachfolgend finden Sie Vorschläge, welche Fleischstücke sich zum Kurzbraten eignen.

Rind:
Filet oder Lende, das zarteste und teuerste Fleisch vom Rind
Roastbeef
Hüfte, auch manchmal Tafelspitz genannt
Oberschale
Kugel, Blume oder Nuß

Kalb:
Steaks oder Koteletts aus dem Rücken

Schwein:
Filet oder Lende, das zarteste Stück
Schnitzel aus Oberschale, Unterschale, Nuß oder Hüfte
Steaks aus dem ausgelösten Kotelettstück
Koteletts, besonders die durchwachsenen vom Nacken

Lamm:
Koteletts vom Rücken

Geflügel:
Ausgelöste Hähnchenbrust, Schnitzel aus Truthahnfleisch.
Achtung: küchenfertig zubereitet sind solche Teile oft paniert oder gewürzt und somit verboten.

Lassen Sie sich vom Metzger aus den entsprechenden Fleischstücken schöne Steaks schneiden, etwa 150 bis 200 g pro Portion. Es empfiehlt sich, das Fleisch zum Kurzbraten (außer Geflügel) zu klopfen. Dabei zerreißen die Häute der Muskelfasern und es wird mürbe. Zum Braten ein sehr hoch erhitzbares Pflanzenfett wie z. B. Kokosfett verwenden. Es muß sehr heiß sein, damit sich die Poren des Fleisches sofort schließen und eine Graufärbung eintritt. Dann bleibt es saftig und zart. Die Garzeit beträgt für »medium« etwa 3 Minuten von jeder Seite, »ganz durch« jeweils 5 Minuten. Zum Würzen eignen sich z. B. Salz, Pfeffer oder Paprika. Immer nach dem Braten würzen, weil das Salz dem Fleisch während des Garens Flüssigkeit entziehen würde. Das Ergebnis wäre ein hartes Steak.
Zu kurzgebratenem Fleisch passen: Kartoffeln, Reis, Gemüse oder Salat und, nicht zu vergessen, eine Sauce oder ein kalter Dip aus dem entsprechenden Kapitel (Seite 74–82).

Desserts

Black and White

Wasser
Agar-Agar*
Brauner Zucker
Kakao
Bananen

500 ml Wasser · 1 TL Agar-Agar · 6 EL feiner brauner Zucker
6 EL Kakao · 2 Bananen

Agar-Agar in Wasser auflösen und kurz aufkochen. Zucker und Kakao mischen und darunterrühren. Für 1 Stunde kühl stellen. Es bildet sich eine schnittfeste Masse.
Bananen im Mixer oder mit dem Pürierstab zermusen. In Portionsschälchen zuerst die Bananensauce verteilen und in die Mitte die Schokocreme geben.

Tip: Wählen Sie für dieses Rezept einen besonders milden und feinkörnigen braunen Zucker aus.

* Aus Algen gewonnener Pflanzenstoff von hoher Gelierkraft; gut zum Andicken geeignet, purin- und glutenfrei. Erhältlich im Reformhaus.

Zartbitter-Schokosauce

Biobin*
Wasser
Brauner Zucker
Kakao

---

10 EL feiner brauner Zucker · 8–10 EL Kakao
4 Meßlöffel (liegt der Packung bei) Biobin · 400 ml Wasser

Kakao, Zucker und Biobin mischen. Unter Rühren mit dem Schneebesen langsam das Wasser dazugeben. Zum Quellen für 1 Stunde kalt stellen.
Wenn Sie eher auf »Vollmilchgeschmack« stehen, bereiten sie diese Sauce mit etwas weniger Kakao zu. Sie wird dann lieblicher.

Mecklenburger Götterspeise

Brot (selbstgebacken)
Brauner Zucker
Zimt
Sauerkirschen
Sahne

---

150 g altes Brot (natürlich von Ihrem selbstgebackenen)
3 EL brauner Zucker · 2 TL Zimt
200 g gekochte Sauerkirschen · 250 ml Sahne

Das Brot fein hacken oder reiben, mit Zucker und Zimt vermischen. Die Sahne schlagen. In eine Glasschüssel zuerst Brotkrumen, dann Kirschen und darauf Sahne schichten, solange der Vorrat reicht.

---

* Biobin ist ein pflanzliches Bindemittel ohne Gluten. Es ist nicht frei von Milch.

Wenn Sie wichtige Gäste erwarten, entkernen Sie die Kirschen. Wenn es dagegen schnell gehen muß, kann die Familie auch mal spucken.

Birne Helene

Birnen
Agar-Agar (siehe Seite 120)
Brauner Zucker
Wasser
Kakao

---

4 Birnen · Zartbitter-Schokosauce nach Rezept (Seite 121)

Die Birnen waschen, halbieren und schälen. Wenn sie roh nicht vertragen werden, kochen. Dazu den Boden eines Topfes fingerbreit mit Wasser bedecken, die Birnenhälften hineingeben, stark ankochen und auf kleinster Flamme 10 Minuten garen. Natürlich kann man auch eingemachte Früchte verwenden.

Nach dem Rezept auf Seite 121 eine mehr oder weniger zartbittere Schokosauce zubereiten. Die vorbereiteten Früchte auf Portionstellern mit der Sauce anrichten.

Bananeneis

BANANEN
TOFU
SOJAMILCH
AHORNSIRUP

4 Bananen · 2 EL Ahornsirup · 100 g Tofu · 200 ml Sojamilch

Die Bananen mit dem Ahornsirup zusammen pürieren. Den Tofu pürieren und mit der Sojamilch mixen, bis viel Schaum entsteht. Den Sojamilchschaum auf die Bananenmasse geben und mit dem Schneebesen unterheben. In eine Gefrierschale füllen und in den Gefrierschrank stellen.

Nach 1 bis 2 Stunden einmal mit dem Schneebesen durchrühren. Nach etwa 4 bis 5 Stunden ist die Masse hart gefroren. Am besten schmeckt das Eis, wenn man, je nach Menge und Gefriertemperatur, einen Zeitpunkt abpaßt, zu dem es noch nicht ganz durchgefroren ist. Sonst ist es sehr hart und läßt sich nicht mit dem Löffel abstechen. Bei Vorratshaltung empfiehlt es sich, die gewünschte Portion etwa 1 Stunde vor dem Verzehr im Kühlschrank anzutauen.

Man kann auch Eis am Stiel herstellen: Hierfür gibt es spezielle Kunststofformen zu kaufen. Die einfachere Methode: Die fertige Masse in eine Eiswürfelschale füllen und in die einzelnen Fächer Zahnstocher stecken, wenn das Eis halb gefroren ist.

Mandeleis

Mandeln
Wasser
Honig

200 g Mandeln · 400 ml Wasser · 2 EL Honig

Die Mandeln mit kochendem Wasser überbrühen und pellen. Alle Zutaten zusammen mit dem Mixstab pürieren und schaumig schlagen. In eine Gefrierdose geben und etwa 1 Stunde lang tiefkühlen. Umrühren und weiterfrieren. Das Eis ist am besten, wenn es nicht ganz durchgefroren ist.

Entweder sollte man es nur 2 Stunden vor dem Verzehr zubereiten oder eine Weile im Kühlschrank antauen lassen.

Wer möchte, kann nach diesem Rezept auch Schokoladeneis herstellen, indem er einen Eßlöffel Kakao untermischt.

Brotaufstriche

Wurst und Schmalz

Leberwurst

SCHWEINEFLEISCH
SCHWEINELEBER
ZWIEBELN
SALZ
PFEFFER
THYMIAN
MAJORAN

Die beiden folgenden althergebrachten Rezepte habe ich auf Rügen gesammelt. Roland Ehrich, der Küchenchef des Cliff-Hotels, hat sie mir verraten. Der Wahlrüganer aus Sachsen versucht, möglichst viele einheimische Produkte in seiner Küche zu verwenden. Eine wohltuende Abwechslung zu vorgefertigtem »Touristenfutter«, das natürlich inzwischen auch die Ostseeinsel überflutet hat.

Für 5 kg hausgemachte Leberwurst:

---

3 kg Schweinebauch · 2 kg Rückenfett (ungeräucherter fetter Speck)
$^1/_2$ kg Schweineleber · $^1/_2$ kg Zwiebeln · 110 g Salz
11 g Pfeffer · 10 g Majoran · 10 g Thymian

Den Schweinebauch und das Rückenfett etwa 10 Minuten in reichlich Wasser abkochen. Etwas Fett zurückbehalten. Die Leber überbrühen. Die Zwiebeln schälen und zusammen mit diesem Fett kleinschneiden, in der Pfanne anbräunen. Alles vorbereitete Fleisch in handliche Stücke schneiden und durch den Fleischwolf drehen. Mit den Gewürzen verrühren. In einer hitzefesten Form im Wasserbad 90 Minuten bei ca. 85 °C ziehen lassen.

Man kann die Wurst auch in Gläsern sterilisieren. Dazu die Einmachgläser spülen, neue Gummiringe überbrühen und bereitlegen. Die Wurstmasse einfüllen, Gummis zwischen Glas und Deckel legen und mit einer Klammer verschließen. Es dürfen keine Krümel zwischen Deckel und Gummiring sein. Die Gläser auf eine Grillpfanne stellen, in den Backofen schieben und soviel Wasser wie möglich beifüllen. 90 Minuten bei 85 °C sterilisieren. Wer einen Einmachtopf besitzt, kann natürlich auch den verwenden.

Wer ein oder mehrere Gewürze nicht verträgt, kann sie weglassen oder versuchen, sie auszutauschen. Majoran und Thymian kann man durch Oregano oder Rosmarin ersetzen. Viel Salz ist für die Leberwurst leider unerläßlich, für meinen Geschmack kann man die Menge jedoch um etwa ein Drittel reduzieren.

Apfelschmalz

FLOMEN (SCHWEINEFETT)
ZWIEBEL
APFEL
SALZ

---

600 g Flomen (Schweinefett) · 200 g Zwiebeln · 1 Apfel · 2 TL Salz

---

Flomen gibt es zwar nicht im Supermarkt an der Fleischtheke, aber bei jedem Metzger, wenn man danach fragt. Man kann statt dessen auch ungeräucherten, sogenannten »grünen« Speck nehmen.

Den Flomen oder Speck in kleine Würfel schneiden. Die Zwiebeln und den Apfel schälen und ebenfalls würfeln. Einen Bratentopf erhitzen und den Flomen hineingeben. Etwas anbraten, Äpfel und Zwiebeln daruntermischen. Das Fett bei starker Hitze auslassen, bis die Grieben winzig klein und bräunlich sind und die Zwiebeln anfangen zu bräunen. Das kann bei der angegebenen Menge 20 bis 30 Minuten dauern. Das fertige Schmalz in eine hitzebeständige Schüssel geben, salzen und abkühlen lassen.
Nach Belieben kann man das Apfelschmalz, das auch so schon sehr gut schmeckt, mit Gewürzen wie Thymian, Majoran oder Nelken verfeinern.

Vegetarische Aufstriche

Maronenmus

Maronen
Wasser
Salz
Pfeffer
Zimt
Vanille

In Frankreich und in manchen deutschen Feinkostgeschäften gibt es Maronenmus in Gläsern zu kaufen, wie bei uns Nougatcreme. Ich habe nicht nachgeprüft, welche Zusatzstoffe dieses Produkt enthält, aber es gab mir die Anregung zu folgendem Rezept:

---

350 g Maronen · reichlich Kochwasser · 100 ml Wasser
Gewürze nach Geschmack: z. B. 1 Prise Salz, 1 Prise Pfeffer
oder 1 Prise Zimt, 1 Msp Salz oder 1 Prise Vanille, 1 Msp Salz

---

Die Maronen an der Spitze über Kreuz einschneiden, 15 Minuten in Wasser garen. Schälen und kleinschneiden. Zum Schälen immer nur eine kleine Menge aus dem Wasser nehmen. Sobald die Maronen erkalten, läßt sich die dünne innere Schale nur sehr mühsam lösen. Heiß geht es ganz einfach. Mit 100 ml Wasser zusammen mit dem Pürierstab mixen, so daß eine cremige Masse entsteht. Nach Geschmack und den individuellen Möglichkeiten würzen. Die Maronen enthalten viel natürliche Süße. Deshalb ist auch bei Vanille- oder Zimtgeschmack die Spur Salz ganz wichtig.

Tip: Maronen reifen im Herbst. Dann bekommt man sie frisch. Gute Ware erkennt man an der glatten, glänzenden, elastischen Schale.
Das Maronenmus hält sich einige Tage im Kühlschrank. Es eignet sich als Brotaufstrich, als Füllung für Crêpes und als Babynahrung während des Abstillens.

Hummus

Hummus ist ein Püree aus Kichererbsen. Bei den Arabern im Basar der Jerusalemer Altstadt kann man Hummus beispielsweise mit Fladenbrot stippen. Dazu gibt es frische Salate oder Mixed Pickles. Der Kichererbsenbrei eignet sich gut als Brotaufstrich.

KICHERERBSEN
OLIVENÖL
ZITRONENSAFT
SALZ

---

250 g Kichererbsen · 1 EL Olivenöl
Saft einer Zitrone · $^1/_2$ TL Salz

Die Kichererbsen über Nacht in reichlich Wasser einweichen, am nächsten Tag 2–3 Stunden auf kleiner Flamme

im Einweichwasser garen (ca. 40 Minuten im Schnellkochtopf).
Achtung: Niemals den Kochvorgang unterbrechen. Halbgare Kichererbsen, die einmal kalt waren, werden nie mehr richtig gar.
Die fertigen Erbsen durch ein Sieb streichen oder mit dem Mixstab pürieren und mit den restlichen Zutaten verrühren.

Mandelmus

MANDELN
WASSER
SALZ

100 g Mandeln · 50 ml Wasser · 1 Prise Salz

Die Mandeln mit kochendem Wasser überbrühen und die Schale abziehen. Wasser dazugeben und mit einem Pürierstab zermusen. Nach Geschmack salzen.

Vorsicht bei Nußallergien!

Haselnußmus

HASELNÜSSE
WASSER
SALZ

100 g Haselnüsse · 50 ml Wasser · 1 Prise Salz

Nach obigem Rezept zubereiten.

Vorsicht bei Nußallergien!

Kokosaufstrich

KOKOSFLOCKEN
WASSER
SONNENBLUMENKERNE
HONIG
PFEFFER
SALZ

---

100 g Kokosflocken · 100 ml Wasser · 100 g Sonnenblumenkerne
50 ml Wasser · 1 TL Honig · je 1 Prise Pfeffer und Salz

Die Kokosflocken in 100 ml Wasser aufkochen, zusammen mit den restlichen Zutaten mit dem Pürierstab mixen.

Marmeladen

Allgemeine Tips: Die Gläser dürfen beim Einfüllen nie eiskalt sein, wenn sie mit der kochenden Marmelade oder dem Gelee in Berührung kommen. Sie könnten platzen.
Auch wenn Sie größere Mengen verarbeiten wollen, immer nur in kleinen Portionen kochen, da das Aufkochen sonst länger dauert und die Gelierstoffe durch die Hitze stärker leiden.
Wenn der Deckel gut schließt, ist die Marmelade über mehrere Monate ohne Kühlung haltbar. Es eignen sich jedoch nur Schraubgläser mit gummiertem Metalldeckel. Kunststoffdeckel ziehen sich nicht fest.
Vorräte regelmäßig kontrollieren!

Kirschmarmelade 1

Kirschen
Honig oder brauner Zucker
Agar-Agar

---

500 g Kirschen · 4 EL Honig oder brauner Zucker
1 TL Agar-Agar (siehe Seite 120)

Die Kirschen entkernen und alle Zutaten zusammen in einem Topf mit dem Pürierstab zerkleinern. Einmal kräftig aufwallen lassen. In vorbereitete Schraubdeckelgläser füllen, verschließen und noch heiß auf den Kopf stellen, damit sich der Deckel zuzieht.

Kirschmarmelade 2

Kirschen
Honig oder brauner Zucker
Agar-Agar

---

500 g Kirschen · 1 TL Agar-Agar (siehe Seite 120)
500 g Honig oder brauner Zucker

Die Marmelade nach obigem Rezept zubereiten. Durch den höheren Anteil an Zucker oder Honig ist sie monatelang haltbar, auch wenn der Deckel nicht richtig schließt.

Johannisbeergelee

Johannisbeeren
Brauner Zucker

Johannisbeeren sind besonders geeignet zur Herstellung von Gelees. Wenn man einige Grundregeln beachtet, gelingt es auch ohne Geliermittel regelmäßig. Hier ein ganz altes Geleerezept:

---

1 kg rote Johannisbeeren · 500 g brauner Zucker

Die Johannisbeeren waschen, mit dem Pürierstab zermusen und den Brei 5 Minuten bei starker Hitze aufwallen lassen. Auf keinen Fall länger kochen, da sonst die Gelierstoffe zerstört werden. Ein sauberes Leinentuch in eine Schüssel aus Edelstahl oder Porzellan legen und die Masse hineingießen. Die Zipfel des Tuches zusammennehmen und mit einer Schnur verknoten. Einige Stunden, am besten über Nacht, über der Schüssel aufhängen und abtropfen lassen. Diese etwas aufwendige Saftgewinnung ist schonender als das inzwischen allgemein übliche Dampfentsaften, wobei durch die Hitze die Gelierstoffe zerstört werden und in Form von Geliermitteln zugesetzt werden müssen.

1 kg Beeren ergeben etwa $^1/_2$ l Saft, den man am nächsten Tag mit dem Zucker zusammen ganz kurz aufkocht und in Schraubdeckelgläser füllt.

Dieses Gelee ist über Jahre haltbar.

Zwetschgenmus

Zwetschgen
Honig oder brauner Zucker

Ich habe noch miterlebt, wie in unserer Familie zentnerweise Zwetschgen zu »Latwerge« gekocht wurden. Sie wurden entkernt und im Waschkessel zusammen mit Zucker zu einem zähen, fast schwarzen Brei eingedickt. Das bedeutete fast zwei Tage ununterbrochenes Rühren und konnte nur im größeren Familienkreis bewältigt werden. Die Latwerge war dann während des Winters eine ganz besondere Spezialität, die wir alle sehr zu schätzen wußten.

Hier ein für den »normalen« Haushalt dimensioniertes Rezept. Es macht gar nicht soviel Mühe, man muß sich nur die Zeit gut einteilen.

1½ kg Pflaumen oder Zwetschgen
150 g brauner Zucker oder Honig · etwas Wasser

Die Zwetschgen entkernen und mit dem Zucker oder Honig in einen Topf geben, dessen Boden fingerbreit mit Wasser bedeckt ist. Den Topf zudecken. Stark aufkochen, wenn sich am Deckelrand eine Dampffahne zeigt, auf kleinste Stufe schalten und etwa 5 Stunden köcheln lassen. Am Ende der Kochzeit gut durchrühren.
Wer größere Mengen in einem entsprechend größeren Topf kochen möchte, sollte bedenken, daß sich die Kochzeit drastisch verlängert. Wer das Zwetschgenmus besonders dick mag, muß es lange kochen, wer ein flüssigeres Mus bevorzugt, kann es schon etwas eher abfüllen. Niemals rühren, bevor es die gewünschte Konsistenz hat. Dann brennt es an, wenn man nicht ständig weiterrührt.

Man kann das Mus in Weckgläser oder Marmeladengläser mit gummiertem Metalldeckel abfüllen. Schraubdeckelgläser bis etwa 500 g Inhalt bleiben verschlossen, wenn man das Pflaumenmus kochendheiß bis an den Rand einfüllt, den Deckel zudreht und das Glas zum Abkühlen auf den Kopf stellt. Weckgläser darf man nicht randvoll füllen und sollte sie noch einmal bei 80 °C etwa 20 Minuten im Backofen sterilisieren. Dazu die Gläser mit Gummiringen und Deckel versehen, mit einer Rexklammer verschließen, auf die Grillpfanne stellen und Wasser zugießen. Wenn man die Gläser schon heiß in den Ofen gibt, verringert sich die Zeit. Sie ist um, wenn Luftbläschen in den Gläsern hochsteigen. Die fertigen Gläser langsam im Ofen auskühlen lassen und die Klammern am nächsten Tag entfernen. Fest geschlossene Gläser halten sich über Monate. Man sollte jedoch regelmäßig kontrollieren, ob die Deckel noch geschlossen sind.
Wer es verträgt, sollte unbedingt eine Stange Zimt und ein Stück Sternanis mitkochen, das man vor dem Rühren entfernt.

Backrezepte

Backen – das ist sicher eines der heikelsten Themen dieses Buches, und für manche von Allergien und Unverträglichkeiten Betroffenen eine Lebensnotwendigkeit. Milch und besonders Eier geben unserem Gebäck Geschmack und Form, und ohne die glutenhaltigen Getreide Roggen und Weizen kann man sich unser tägliches Brot erst einmal gar nicht vorstellen.

Trotzdem geht es auch ohne! Wie, das will ich Ihnen auf den nächsten Seiten zeigen. Nehmen Sie sich ruhig ein wenig Zeit zum Schmökern, bevor Sie in die Küche stürmen. Einiges wird auch »alten Hasen« neu und ungewohnt erscheinen, in manches muß man sich erst einmal »hineindenken«. Aber dann wird es sicherlich gelingen.

Mit den Backrezepten dieses Buches werden Sie unabhängig von teuren, schwer beschaffbaren Spezialmehlmischungen und Fertiggebäck. Alle Zutaten sind im Naturkostladen und Reformhaus, viele sogar im Supermarkt erhältlich. Die Verwendung von Vollkorn ist besonders wichtig für Zöliakiebetroffene. Die angebotenen Fertigmischungen lassen in bezug auf Nährstoffe viel zu wünschen übrig, da sie meist aus Auszugsmehlen und Bindemitteln bestehen. Diese Lücke läßt sich durch Vollkornbackwaren schließen.

Bei allen Vollkorngebäcken ist es sinnvoll, frisch gemahlenes Getreide zu verwenden, da unbehandeltes Vollkornmehl leicht verdirbt. Getreide wie Reis und Hirse sind außerdem hierzulande gemahlen nur schwer erhältlich. In Reformhäusern und Naturkostläden kann man sich das Getreide mahlen lassen. Sie sollten sich jedoch überlegen, ob sich für Sie nicht die Anschaffung einer Haushaltsmühle lohnt. Das gilt besonders für Zöliakiebetroffene, denn in den Geschäften werden ja hauptsächlich glutenhaltige Getreide vermahlen, und es bleiben immer Spuren davon in der Mühle zurück, die dann Ihr Hirse- oder Reismehl »verunreinigen«. Eine kleine Mühlenkunde finden Sie auf Seite 58.

Backen mit Sekowa-Backferment

Es handelt sich dabei um ein Teiglockerungsmittel, das aus Bienenhonig und Körnerfrüchten hergestellt wird. Die normale Mischung enthält Weizen, es gibt jedoch auch eine glutenfreie Version auf der Basis von Mais oder Hirse.
Sekowa gehört zum Sortiment der Reformhäuser und Naturkostläden. Die glutenfreie Ausführung ist, wie die Betroffenen vielleicht schon argwöhnen, nicht immer am Lager. Sie kann jedoch problemlos besorgt werden; im Anhang findet sich die Firmenadresse für direkte Bestellungen.
Um mit Sekowa zu backen, muß man verstanden haben, warum verschiedene Schritte notwendig sind, die auf den ersten Blick umständlich erscheinen. Man muß sich »hineindenken«, dann kann man mühelos auch mit schwer verbackbarem Getreide arbeiten.
Das Spezial-Backferment wird als jahrelang lagerfähiges Granulat angeboten. Um backen zu können, muß man zuerst aus dem Granulat einen sogenannten Grundansatz herstellen. Das ist eine Art Sauerteig, der bei 28–30 °C reifen muß. Aus Erfahrung weiß ich, daß es in einem normalen Haushalt schwierig ist, diese Temperatur über lange Zeit konstant zu halten.
Man kann den Grundansatz auch fertig kaufen (auch glutenfrei, siehe Adresse auf Seite 183). Das rate ich jedem, der das Backferment ausprobieren möchte, bevor er sich an voreilige Experimente wagt, Mißerfolge hat und die Lust verliert.

Grundansatz hält sich in einem Deckelglas im Kühlschrank bis zu einem halben Jahr und läßt sich bei Zimmertemperatur mühelos verlängern.
Nun ein Wort zur Teiglockerung durch Gärung: Hefezellen nehmen den im Teig vorhandenen Zucker auf und verwandeln ihn durch ihre Stoffwechselprozesse in Alkohol und Kohlensäure. Hat der Teig eine gute Bindung, dann wird die Kohlensäure durch das zähe Klebergerüst festgehalten und bildet in Form von winzigen Gasbläschen die Poren im Teig. Beim Backen erstarrt das Klebergerüst, und man erhält ein lockeres Gebäck.
Den glutenfreien Getreiden fehlt nun gerade der ideale Klebergehalt, der den Weizen auszeichnet. Die verschiedenen Gärorganismen von Sekowa-Backferment sind in der Lage, die Inhaltsstoffe auch dieser als schwer verbackbar geltenden Getreide so aufzuschließen, daß ein Teig mit sehr annehmbarer Bindung entsteht. Hier werden natürlich alle Zöliakiebetroffenen besonders aufhorchen.

Brot

Mit Weizen geht das Backen am einfachsten. Deshalb empfehle ich als Einstieg ein Rezept von Ada Pokorny aus ihrem Buch »Backen von Brot und Gebäck aus allen 7 Getreidearten mit dem Spezial-Backferment«. Es lautet wie folgt:

Weizenschrotbrot

WEIZENSCHROT
WASSER
SEKOWA-BACKFERMENT
SALZ

Für den Vorteig:

10–20 g Grundansatz (d. i. 1 bis 2 gehäufte TL)
3 g Spezial-Backferment-Granulat (d. i. 1 leicht gehäufter TL)
300–400 g Schrot, 300–400 ccm Wasser, handwarm (30–40 °C)

In einer entsprechend großen Schüssel (kein Plastik, kein Aluminium) werden in einem kleinen Teil des abgemessenen Wassers der Grundansatz und das Spezial-Backferment-Granulat klümpchenfrei aufgelöst. Dann fügt man das restliche Wasser sowie den Schrot hinzu und vermengt die Masse gründlich. Verwendet man für den Vorteig 300 g Schrot, dann wird das Brot besonders mild.
Bedeckt mit einem Deckel, einer Platte oder Folie bleibt die-

ser Vorteig mindestens 12 Stunden bei 23–25 °C stehen. Eine Temperatur von 23 °C sollte nicht unterschritten werden.
Von dem ausgereiften Vorteig kann man für das nächste Backen eine kleine Menge abnehmen, um sie anstatt des Grundansatzes beim nächsten Backen zu verwenden. Diese abgenommene Menge Vorteig wird so wie der Grundansatz in einem Schraubglas im Kühlschrank aufbewahrt. Von Zeit zu Zeit sollte jedoch beim Backen immer wieder mit frischem Grundansatz neu begonnen werden.

Für den Hauptteig: Zu dem ausgereiften Vorteig werden hinzugefügt: 700 g bzw. 600 g Schrot (so daß die Gesamtmenge für Vorteig und Hauptteig 1 kg beträgt), 10–18 g Meersalz (in etwas Wasser auflösen und über den Schrot schütten) und soviel sehr warmes Wasser bis 60 °C, daß ein geschmeidiger Teig entsteht. Die erforderliche Wassermenge richtet sich nach der Art des Getreides bzw. des Mehles. Zur Verarbeitung von 1 kg Schrot werden insgesamt (d. h. für den Vorteig und für den Hauptteig) ungefähr 750 ccm Wasser benötigt. Der Hauptteig soll ca. 30 °C aufweisen.
Der Hauptteig wird nun gut durchgeknetet, so daß ein homogener Teig entsteht. In 5 bis höchstens 10 Minuten ist dies geschehen. Gut bedeckt, damit er nicht abtrocknet, kann der Hauptteig an einen warmen Ort (nicht über 35 °C) gestellt werden. Nach 40–50 Minuten muß sich eine gute Lockerung des Teiges zeigen.
Dieser gut aufgegangene Teig wird in Stücke geteilt, geformt, in gefettete Backkästen oder gut ausgemehlte Gärkörbchen gelegt und bleibt wiederum 30 bis 40 Minuten bedeckt stehen. Die Oberfläche der Teigstücke darf nicht abtrocknen. Wenn die Teigstücke gut aufgegangen sind, können sie gebacken werden.
Die Backtemperatur soll ungefähr 220 °C betragen. Bei einer Teigeinlage von 1160 g erhält man 1 kg Brot. Dieses ist bei genannter Temperatur innerhalb 1 Stunde gut durchgebacken und gebräunt.

Beim Backen eine Tasse Wasser zur Luftbefeuchtung in den Backofen stellen.
Nach diesem Grundprinzip funktionieren alle »Sekowa-Rezepte«. Bei manchen Getreiden, wie Mais und Hirse, ist es normalerweise notwendig, ein »Brühstück« herzustellen. Man kocht dazu Wasser auf, rührt das gemahlene Getreide ein und läßt es ausquellen. Der Grund: Diese Mehle können im kalten Zustand viel weniger Wasser aufnehmen und binden als unter Hitzeeinwirkung.
Ich habe aber durch längeres Experimentieren ein Hirse-Buchweizenbrot entwickelt (Rezept Seite 142), das auch ohne Brühstück locker wird und gut aufgeht und das besonders einfach und schnell zu backen ist.

Tip: Die Sache mit der Wassertemperatur hört sich komplizierter an, als sie ist. Schaffen Sie sich ein Küchenthermometer für Flüssigkeiten an. Das gibt es preisgünstig in guten Haushaltswarengeschäften. Spätestens nach dem dritten Brotbacken haben Sie die Temperatur »im Gefühl«.
Falls die Raumtemperatur etwa über Nacht unter 23 °C abfällt, schlagen Sie die Teigschüssel in eine Wolldecke ein. Dieses Problem tritt am ehesten im Sommer auf, wenn die Heizung abgeschaltet und das Wetter mal bedeckt ist.

Verlängerung des Grundansatzes

Den einmal vorhandenen Grundansatz kann man beliebig oft bei Zimmertemperatur verlängern. Ich gebe dazu das Spezialrezept aus Ada Pokornys Buch (siehe Seite 181) an:

»100 g Grundansatz und 30 g Spezial-Backferment-Granulat mit 350–400 ccm Wasser von 40°C klümpchenfrei auflösen.

Sodann wird ein Gemisch von 300 g Weizenschrot und 300 g Weizenmehl untergemengt, so daß ein homogener Teig erhalten wird. Diesen läßt man, in einer nicht zu großen Schüssel, gut bedeckt, bei Zimmertemperatur (nicht unter 20 °C) über Nacht stehen. Die Oberfläche des Teiges darf nicht abtrocknen! Nach ungefähr 12 Stunden ist dieser vermehrte Grundansatz so gut durchgegoren, daß man ihn in Schraubgläser ($^3/_4$ gefüllt) geben und in den Kühlschrank stellen kann. Dieser vermehrte Grundansatz wird in gleicher Weise wie der frischbereitete Grundansatz verwendet. Geht dieser vermehrte Grundansatz wieder zur Neige, verfährt man in der gleichen oben angeführten Weise und verwendet dazu den bereits einmal vermehrten Grundansatz. Durch die Zugabe des Spezial-Backferment-Granulates wird immer eine Auffrischung erzielt.«

Wenn der gut aufgegangene Grundansatz nach einigen Tagen wieder zusammenfällt, schadet das nicht. Auch eine graue Schicht, die sich mit der Zeit an der Oberfläche bilden kann, beeinträchtigt die Wirksamkeit nicht.
Wenn der Ansatz schon mehrere Monate alt ist, sollte man etwas mehr nehmen, bis zur doppelten angegebenen Menge.
Natürlich kann man auch den glutenfreien Grundansatz verlängern. Am besten eignet sich dazu Mais- oder Hirsemehl. Hier muß man etwas sparsamer mit dem Wasser umgehen, da Mais und Hirse nicht so viel Flüssigkeit binden können. Der Teig sollte relativ fest sein, dann hält er sich am besten.
Glutenfreier Grundansatz ist etwas empfindlicher gegen Schimmel als gewöhnlicher. Sie sollten nie mehr davon herstellen, als Sie in einem Monat verbacken können.
Ausgestattet mit diesem Grundwissen, kann man sich getrost auch an weitere Sekowa-Rezepte wagen oder sich eigene ausdenken.

Hirse-Buchweizenbrot

BUCHWEIZEN
HIRSE
SEKOWA-BACKFERMENT GLUTENFREI
WASSER
SALZ

Dieses Brot sollte auf jeden Fall in einer gut gefetteten Kastenform gebacken werden. Es wird genauso zubereitet wie beim »Weizenschrotbrot« (Seite 138) beschrieben. Die Mengenangaben sind folgende:

Für den Vorteig:

350 g Buchweizen, fein gemahlen
350 ml Wasser · 1 TL Sekowa-Backferment glutenfrei
2 TL Sekowa-Grundansatz glutenfrei

Für den Hauptteig:

500 g Hirse und 150 g Buchweizen, fein gemahlen · 3 TL Salz
soviel Wasser, bis ein fester, geschmeidiger Teig entsteht.
Hirse bindet erheblich weniger Wasser als Weizen!

Scheuen Sie sich nicht, eine so große Menge zu backen. Dieses Brot hält sich viel länger frisch, als Sie es von anderen glutenfreien Gebäcken gewöhnt sind. Und außerdem: Wetten, daß es der ganzen Familie schmeckt und gar kein trockener Rest übrigbleibt?

Markus Werners Glutenfrei-Mischung

Hirse
Buchweizen
Mais
Leinsaat
Sekowa-Backferment glutenfrei
(Weinsteinbackpulver nach Wunsch)
Fett für die Form

Dieses Rezept stammt von unserem Steinheimer Vollkornbäcker Markus Werner. Herr Werner backt sechs Kilobrote auf einmal, aber man kann die Menge natürlich auch reduzieren. Sein Rezept lautet wie folgt:

---

1 kg Hirse, 1 kg Buchweizen und 1 kg Mais mischen; das Getreide jeweils kurz vor der Verwendung mahlen

---

Für den Vorteig: Von dieser Mischung 1 kg abnehmen, mahlen und zusammen mit 100–150 g Grundansatz und 700 ml Wasser (30–35 °C) über Nacht einen Vorteig ansetzen.

Für das Brühstück: 1 kg der Getreidemischung mahlen, mit 350 g gemahlener Hirse und 350 g geschroteter Leinsaat und 2 l Wasser zu einem Brühstück verarbeiten. Dazu das Wasser zum Kochen bringen und das Getreide einrühren. Ausquellen und abkühlen lassen.
Nun den Vorteig, das Brühstück, die restliche Mehlmischung und ca. 700–800 ml Wasser (30–35 °C) gut kneten und 70 g Salz dazugeben. Es kann nötig sein, die Flüssigkeitsmenge etwas zu variieren, der Teig muß schwer vom Löffel fallen. 30–60 Minuten in einer abgedeckten Schüssel an einem warmen Ort gehen lassen und noch einmal durcharbeiten. Für ein besonders lockeres Brot 2 Päckchen Weinsteinbackpulver zufügen.

Den Teig in Stücke von etwa je 1 kg teilen und in gefettete Kastenformen füllen.
Die Backzeit beträgt 1 Stunde. Beim Einschieben sollte die Temperatur 250 °C betragen, nach etwa 10 Minuten auf 200 °C drosseln. Zur Luftbefeuchtung eine Tasse Wasser in den Backofen stellen.

Mais-Buchweizenbrot

Mais
Buchweizen
Wasser
Salz
Sekowa-Backferment glutenfrei

Für den Vorteig:

200 g Buchweizen · 250 ml Wasser, etwa 50 °C
1 TL Sekowa-Grundansatz · 1 TL Sekowa-Backferment glutenfrei

Alle Zutaten klümpchenfrei miteinander vermengen und über Nacht in einer abgedeckten Schüssel gären lassen. Es müssen sich Gärbläschen zeigen.

Für das Brühstück:

300 g Polenta-Maisgrieß · 500 ml Wasser · 2 TL Salz

Das Wasser zum Kochen bringen, salzen und den Maisgrieß einrühren. Zu einem steifen Brei verkochen und abkühlen lassen. Wenn das Brühstück handwarm abgekühlt ist, durchkneten und den Vorteig mischen. 1 Stunde gehen lassen, in eine gefettete Kastenform füllen und bei 200 °C 1 Stunde backen. Zur Luftbefeuchtung eine Tasse Wasser mit in den Backofen stellen.

Sauerteig-Grundrezept

ROGGEN
WASSER

Wer gegen Blütenpollen allergisch ist, verträgt möglicherweise kein Gebäck aus Sekowa-Backferment, das mit Honig hergestellt wird. Für den gibt es trotzdem die Möglichkeit, ein Brot nur aus Getreide und Wasser zu backen. Es ist nicht schwer, einen eigenen Sauerteig herzustellen, man muß ihn nur einige Tage vor dem Backen »planen«.
Roggen ist das Getreide, das am besten säuert, man kann den Teig aber auch aus Weizen zubereiten, wenn man Roggen meiden muß.

1. Tag:	100 ml Wasser
	100 g Roggenvollkornmehl
2. Tag:	100 ml Wasser
	100 g Roggenvollkornmehl
3. Tag:	200 ml Wasser
	200 g Roggenvollkornmehl
4. Tag:	Brot backen

Roggenmehl und Wasser beginnen ohne weitere Zutaten bei Zimmertemperatur zu gären. Man muß Wasser und Mehl miteinander verrühren und jeden Tag die angegebenen Mengen hinzufügen. Den Teig immer mit Mehl bestäuben, damit er nicht austrocknet und in einer Porzellan- oder Edelstahlschüssel mit einem Tuch bedeckt stehenlassen. Ab dem zweiten Tag riecht er angenehm säuerlich. Verdorben ist er, wenn er einen muffigen, scharfen oder schimmeligen Geruch verbreitet.
Das Rezept ergibt etwa 700 g Sauerteig, der für ein Dreipfundbrot ausreicht (z. B. Roggen-Weizen-Mischbrot, Seite 146).

Roggen-Weizen-Mischbrot

WEIZEN
ROGGEN
WASSER
SALZ
FETT FÜR DIE FORM
HEFE

---

650 g Weizen · 1 Päckchen Hefe · 300 ml lauwarmes Wasser
3 TL Salz · 700 g Sauerteig (s. Seite 145)· Fett für die Form

---

Den Weizen fein mahlen. Zusammen mit allen Zutaten gut verkneten und 30 bis 60 Minuten in einer abgedeckten Schüssel gehen lassen. Der Teig soll nicht mehr flüssig sein, sich aber auch nicht von den Händen lösen. In einer gefetteten Kastenform nochmals 30 Minuten gehen lassen. Mit Mehl bestreuen und 70 Minuten bei 200 °C backen. In den Backofen eine Tasse Wasser zur Luftbefeuchtung stellen. Nach der Hälfte der Backzeit mit einer Bürste Wasser auf das Brot sprengen. Zusammen mit dem aufgestreuten Mehl ergibt das eine schöne Kruste.
Das Brot unbedingt in einer Kastenform backen. Um ein geformtes Brot auf dem Blech zu backen, ist dieser Teig zu flüssig. Man müßte ihm noch etliches an Mehl zufügen, wodurch er spröde und krümelig würde.
Wer gegen Hefe allergisch ist, kann sie auch weglassen. Dann muß das Brot allerdings nicht 30 bis 60 Minuten, sondern über Nacht gehen. Dazu die Schüssel mit einem Deckel abdecken, damit der Teig nicht austrocknet. Am anderen Morgen noch einmal gut durchkneten und fortfahren wie oben angegeben.

Maisbrot

Mais
Leinsamen
Sekowa-Backferment glutenfrei
Trockenhefe
Salz
Wasser
Fett

Dieses Brot ist geeignet für »eilige« Bäcker. Durch den Zusatz von Hefe geht der Teig schneller, und man muß auch keinen Vorteig über Nacht gehen lassen. Die Vorteile des Sekowa-Fermentes nutzt man trotzdem aus.

---

500 g Polenta · 100 g Leinsamen
1 EL Sekowa-Grundansatz glutenfrei · 1 Päckchen Trockenhefe
950 ml Wasser · 2 TL Salz · Fett für die Form

Den Leinsamen schroten (Achtung, nicht jede Mühle kann das, eventuell geschroteten kaufen). Mit allen anderen Zutaten gut verkneten. Das Wasser sollte etwa 40–50 °C aufweisen. In einer abgedeckten Schüssel an einem warmen Ort etwa 1 Stunde gehen lassen. In eine gefettete Kastenform füllen, noch eine halbe Stunde gehen lassen. Bei 250 °C 1 Stunde backen. Zur Luftbefeuchtung eine Tasse Wasser in den Backofen stellen.

Leichtes Weizen-Roggen-Mischbrot

WEIZEN
ROGGEN
WASSER
HEFE
SEKOWA-BACKFERMENT
SALZ
FETT

Wenn Sie Vollkornbrot nicht vertragen, versuchen Sie doch einmal, mit ausgemahlenem Mehl zu backen. Leider enthalten die wertvollen Randschichten der Körner die größten Konzentrationen allergener Stoffe. Deshalb habe ich auch ein Brot aus Weizen- und Roggenauszugsmehl in die Sammlung aufgenommen. Vielleicht hilft Ihnen dieses Rezept weiter. Falls Sie also empfindlich gegen Weizen- oder Roggenvollkorn sind, kann es gut sein, daß Sie dieses Brot vertragen.

Tip: Der Teig eignet sich auch hervorragend für Pizza oder Zwiebelkuchen. Planen Sie doch einfach am Brotbacktag ein solches Gericht ein und zweigen Sie etwas von dem Brotteig für die Pizza ab.

---

550 g Weizenmehl Typ 1050 · 450 g Roggenmehl Typ 997
1 Päckchen Trockenhefe · 1 EL Sekowa-Grundansatz
750 ml Wasser · 2 TL Salz · Fett für die Form

Alle Zutaten gut miteinander verkneten. Das Wasser sollte 40–50 °C warm sein. In einer zugedeckten Schüssel 1 Stunde an einem warmen Ort gehen lassen. In eine gefettete Backform füllen und noch einmal eine halbe Stunde gehen lassen. Bei 250 °C 1 Stunde backen. Zur Luftbefeuchtung eine Tasse Wasser in den Ofen stellen.

Kastanienbrot

MAIS
KASTANIENMEHL
LEINSAMEN
SEKOWA-BACKFERMENT GLUTENFREI
WASSER
SALZ
FETT

Für den Vorteig:

250 g Polenta · 50 g Leinsamen
1 TL Sekowa-Grundansatz glutenfrei
$^1/_2$ TL Sekowa-Backferment glutenfrei
475 ml Wasser, ca. 60 °C

Den Leinsamen schroten (Achtung, nicht jede Mühle kann das), alle Zutaten gut miteinander verkneten, über Nacht in einer abgedeckten Schüssel an einem warmen Ort gehen lassen.

Für den Hauptteig:

250 g Kastanienmehl (zu beziehen durch die Hammermühle, Adresse Seite 183)
100 ml Wasser · 1 TL Salz · Fett für die Form

Kastanienmehl, Wasser und Salz unter den Vorteig kneten und mindestens 1 Stunde gehen lassen. Nochmals durcharbeiten, in eine gefettete Form füllen und eine halbe Stunde ruhen lassen. Bei 250 °C 1 Stunde backen. Zur Luftbefeuchtung eine Tasse Wasser in den Backofen stellen.
Dieses Brot ist weich und saftig, die Kastanien geben ihm einen würzigen Geschmack. Nachteil: Kastanienmehl ist horrend teuer!

Eingewecktes Brot

verschieden

Für den Urlaub können Sie ganz einfach Brot als Dauerkonserve herstellen: Besorgen Sie sich Halbliter-Sturzgläser. Das sind Weckgläser ohne Absatz. Sie werden wie eine Kuchenform gefettet, zur Hälfte mit dem Brotteig Ihrer Wahl gefüllt und anschließend mit einem Gummiring, Deckel und Spange versehen. In einer Grillpfanne mit viel Wasser gefüllt backen Sie das Brot nach den Angaben im Rezept und lassen die Gläser im Ofen auskühlen. Am nächsten Tag können Sie die Spangen entfernen und haben eine Dauerkonserve. Die Gummiringe werden wegen der langen Backzeit porös. Besorgen Sie sich deshalb einen Weckglasöffner mit Drahtschlinge.

Frühstücksbrötchen

Wasser
Butter
Salz
Hirse
Eier

---

250 ml Wasser · 65 g Butter · 1 Prise Salz · 150 g Hirse
4 Eier · Fett für das Blech

Die Hirse fein mahlen. Das Wasser mit der Butter und dem Salz zum Kochen bringen. Das Mehl unter ständigem Rühren mit einem Kochlöffel einlaufen lassen. Es muß ein zäher, fester Teig entstehen, der so lange auf kleiner Flamme gerührt wird, bis am Topfboden ein dicker, gelblicher Belag entsteht. Nun den Teig vom Feuer nehmen und nacheinander die Eier unterarbeiten. Der Teig muß immer ganz glattgerührt werden, bevor das nächste Ei hineinkommt. Auch wenn es zunächst

unwahrscheinlich erscheint – es entsteht ein glatter Teig, der zäh vom Löffel abreißt.
Ein Blech fetten und mit 2 Eßlöffeln in gutem Abstand Teighäufchen daraufsetzen. Bei 225 °C 40 Minuten backen.
Diese Brötchen haben gegenüber den meisten glutenfreien Gebäcken den Vorteil, nicht so schnell auszutrocknen. Sie schmecken auch am zweiten Tag noch gut. Allerdings sollte man bei der Zusammenstellung eines Tagesmenüs bedenken, daß durch solche Wecken die Eierration bereits abgedeckt ist.
Indem man den Teig in einen Tortenspritzbeutel füllt und erbsengroße Häufchen auf das Blech spritzt, kann man Partysnacks herstellen. Sie eignen sich auch als Suppeneinlage. Backzeit etwa 20 Minuten.

Seelen

Weizen oder Dinkel
Öl
Wasser
Salz
Kümmel
Hefe

Seelen sind große Salzstangen und ein altes schwäbisches Gebäck. Ursprünglich wurden sie aus Dinkel gebacken und zu Allerseelen als »Totengabe« auf die Gräber gelegt. Sie bestehen aus einem sehr mageren Hefeteig.
Besonders im Schwäbischen wurde früher anstatt Weizen Dinkel angebaut. Diese Abart des Weizens gedeiht auch auf kargen Böden. Erst seit der Erfindung des Kunstdüngers wurde er weitgehend von dem ertragreicheren Weizen verdrängt. Neuerdings entdecken ihn immer mehr Menschen, die auf gesunde Ernährung und Nahrungsmittelqualität achten. Er besitzt hochwertiges Klebereiweiß, so daß Dinkelgebäck beson-

ders locker wird. In einzelnen Fällen kann er bei Unverträglichkeit den Weizen ersetzen. Aber: Dinkel ist nicht glutenfrei!

---

500 g Dinkel oder Weizen · 350 ml lauwarmes Wasser · 100 ml Öl
1 Päckchen Hefe · Salz und Kümmel zum Bestreuen

Die Körner fein mahlen, die Hefe in etwas lauwarmem Wasser anrühren und mit dem restlichen Wasser und dem Öl unter das Mehl kneten. Den Teig in eine Schüssel legen und mit einem Handtuch bedeckt 30 Minuten an einem warmen Ort gehen lassen. Noch einmal durcharbeiten, in 8 Stücke teilen und Stangen formen. Auf ein Brett setzen, gehen lassen und mit Salz und Kümmel bestreuen. Ein ungefettetes Blech im Ofen auf die Backtemperatur erhitzen, die Stangen daraufsetzen und bei 200 °C 30 Minuten backen. Zur Befeuchtung der Luft eine Tasse Wasser mit in den Backofen stellen.

Alternativ kann man die Seelen auch aus Auszugsmehl backen. Am besten eignet sich »doppeltgriffiges« Weizenmehl oder Dunst. Die Zubereitung bleibt die gleiche, die Wassermenge ist dann reduziert. Man braucht:

---

500 g Weizenmehl · 250 ml Wasser · 100 ml Öl
1 Päckchen Hefe · 1 TL Salz

Pizza & Co.

Zwiebelkuchen

Weizen
Sojamilch
Hefe
Öl
Salz
Speck
Zwiebeln

Für den Teig:

400 g Weizen · 200 ml Sojamilch · 4 EL Öl · 1 Würfel Hefe
1 Prise Salz · Fett für das Blech

Für den Belag:

500 g Speck · 1 kg Zwiebeln

Den Weizen fein mahlen, mit allen Zutaten für den Teig gut verkneten, in einer Schüssel mit einem Tuch abdecken und an einem warmen, zugfreien Ort 1 Stunde lang gehen lassen. Ein Backblech fetten und den Teig dünn darauf ausrollen.
Speck und Zwiebeln in kleine Würfel schneiden. In einer Pfanne den Speck auslassen. Wenn er anfängt, knusprig zu werden, die Zwiebeln dazugeben und leicht bräunen. Überschüssiges Fett abgießen (man kann es als Brotaufstrich verwenden). Den Belag auf dem Teig verteilen und bei 200 °C 20 Minuten backen. Heiß servieren.

Quiche

HIRSE
WASSER
BUCHWEIZEN
BACKPULVER
BUTTER
SALZ
SPECK
ZWIEBELN
KÄSE
EIER

Ergibt eine große Springform oder ein Kuchenblech.

Für den Teig:

---

200 g Hirse · 200 ml Wasser · 100 g Buchweizen
1 Päckchen Backpulver · 120 g Butter · $^{1}/_{2}$ TL Salz

Für den Belag:

---

200 g Speck · 200 g Zwiebeln
500 g Käse, z. B. Gouda oder Emmentaler · 4 Eier

Die Hirse und den Buchweizen getrennt fein mahlen. Wasser zum Kochen bringen, die Hirse einrühren und abkühlen lassen. Buchweizen und Backpulver mischen. Wenn die Hirse gerade noch lauwarm ist, mit den übrigen Zutaten zu einem glatten Teig verarbeiten. Am besten geht das zuerst mit einer Gabel, dann mit den Händen. Den Teig etwa eine halbe Stunde im Kühlschrank ruhen lassen.
Speck, Zwiebeln und Käse in kleine Würfel schneiden. Speck und Zwiebeln in einer Pfanne anbraten, bis der Speck knusprig ist und die Zwiebeln goldgelb sind. Abkühlen lassen und mit den Käsewürfeln und den Eiern mischen. Der Teig enthält soviel Fett, daß man auf das Einfetten des Bleches verzichten kann. Einfach in der Form oder auf dem Blech flachdrücken. Einen etwas hochstehenden Rand formen. Den Teig mit der Käsemasse belegen und bei 180 °C 30 Minuten backen.
Wenn Sie es sich erlauben können: Der Genuß dieser Quiche wird erheblich gesteigert durch einen trockenen Rotwein!

Paprikapizza

Hirse
Wasser
Buchweizen
Backpulver
Butter
Salz
Paprikaschoten
Apfel
Zwiebeln
Gouda

Teig wie im vorigen Rezept für die »Quiche«.

Für den Belag:

---

4 rote Paprikaschoten · 2 kleine Zwiebeln (ca. 150 g)
1 Apfel · 1 Tasse Wasser · 1/2 TL Salz · 300 g Gouda

Den Teig nach dem Quiche-Rezept zubereiten, auf einem Backblech ausbreiten und bei 180 °C 25 Minuten vorbacken. Für den Belag das Gemüse waschen, putzen und kleinschneiden, den Käse reiben. Zwiebeln und Paprikaschoten 20 Minuten bei kleiner Hitze in Wasser dämpfen, nach 10 Minuten den Apfel zufügen. Aus dem Wasser nehmen, auf den vorgebackenen Teig geben, mit Käse bestreuen und 15 Minuten überbacken.

Klassische Tomatenpizza

Hirse
Wasser
Buchweizen
Backpulver
Butter
Salz
Tomaten
Mozzarella
Pfeffer

Teig nach dem »Quiche-Rezept«, Seite 154.

Für den Belag:

---

700 g Tomaten · 400 g Mozzarella · Salz · Pfeffer

Den Teig nach dem Quiche-Rezept zubereiten und 15 Minuten vorbacken. Die Tomaten überbrühen, schälen und die grünen Teile entfernen. Kleinschneiden und bei kleiner Flamme 15 Minuten dünsten. Da sie genug Flüssigkeit enthalten, brauchen sie weder Fett noch Wasser. Salzen und pfeffern nach Geschmack. Den Mozzarellakäse in Scheiben schneiden. Auf den vorgebackenen Teig zuerst die Tomaten geben und mit den Mozzarellascheiben belegen.
Nach Belieben kann man die Pizza mit Kräutern wie Oregano, Basilikum, Thymian oder Majoran bestreuen.

Rosenkohltorte

HIRSE
WASSER
BUCHWEIZEN
BACKPULVER
BUTTER
SALZ
ROSENKOHL
EMMENTALER
SÜSSE SAHNE
MUSKAT

Teig wie im Rezept für »Quiche«, Seite 154.

Für den Belag:

750 g Rosenkohl · 250 g Emmentaler Käse
80 ml süße Sahne · 1 Prise Muskat

Den Teig nach dem Quiche-Rezept zubereiten und bei 180 °C 15 Minuten vorbacken. Den Rosenkohl waschen und putzen. Mit einem Fingerbreit Wasser im Topf stark ankochen, bis sich eine Dampffahne am Deckelrand zeigt, zurückschalten und bei schwacher Hitze 30 Minuten garen. Den Käse reiben, mit der Sahne vermischen und mit Muskat würzen.
Auf den vorgebackenen Teig den Rosenkohl geben und mit der Käsemasse bedecken. 15 Minuten bei 180 °C überbacken.

Pizza Calzone

WEIZENMEHL
WASSER
ÖL
HEFE
HACKFLEISCH
TOMATE
ZWIEBEL
PFEFFER
SALZ
BASILIKUM
FETT

Für den Teig:

---

400 g Weizenauszugsmehl Type 405 · 200 ml Wasser · 8 EL Öl
1 Päckchen Hefe · Fett für das Blech

Für die Füllung:

---

500 g Hackfleisch · 700 g Tomaten · 120 g Zwiebeln
Pfeffer · Salz · gehacktes oder getrocknetes Basilikum
Fett zum Anbraten

Alle Zutaten für den Teig gut verkneten. Zu einem Kloß formen und in einer mit einem Tuch bedeckten Schüssel etwa eine halbe Stunde an einem warmen, zugfreien Ort gehen lassen.
In der Zwischenzeit die Tomaten mit kochendem Wasser überbrühen, schälen, alle grünen Teile entfernen und kleinschneiden. Die Zwiebeln schälen und in Ringe schneiden. In einer großen Pfanne Fett erhitzen. Die Zwiebeln leicht anbräunen und das Hackfleisch dazugeben. Kräftig rühren, bis das Hackfleisch schöne Krüstchen bekommt. Die Tomaten dazugeben und bei geschlossenem Deckel etwa 10 Minuten auf kleiner Hitze schmoren. Salzen, pfeffern und Basilikum dazugeben.
Zwei Kuchenbleche fetten und den Teig in vier gleich große Teile teilen. Jedes Teil auf einem bemehlten Brett zu einem dünnen runden Fladen ausrollen, auf ein Blech legen, auf der einen Seite Fleischfüllung daraufgeben und die andere Seite darüberklappen. An den Rändern zusammendrücken. Bei 200 °C 20 Minuten backen.

Süßes Gebäck und Kuchen

Hirsewaffeln 1

HIRSE
MILCH
WASSER
HONIG
EIER
BUTTER

Ergibt 12 kleine runde Waffeln:

500 g Hirse · 400 ml Milch · 4 Eier · 8 EL Honig
4 EL heißes Wasser · 100 g Butter · Fett für das Eisen

Die Hirse fein mahlen, mit der Milch verrühren und 30 Minuten quellen lassen. Die Eier teilen. Das Eiweiß zu Schnee schlagen. Honig und heißes Wasser verrühren, mit den Eidottern zu Schaum schlagen und die Butter dazurühren. Zuerst die Buttermasse unter den Teig mischen, dann den Eischnee langsam und vorsichtig mit einem Schneebesen unterheben. Ein Waffeleisen vorheizen, leicht mit Butter fetten und den Teig löffelweise hineingeben. Ca. 5 Minuten backen. Die Waffeln werden durch die Hirse wunderbar knusprig. Am besten schmecken sie frisch gebacken.
Als Beilage eignet sich frisches Obst der Saison mit Sahne.

Hirsewaffeln 2

Hirse
Sojamilch
Ahornsirup
Backpulver
Mineralwasser mit Kohlensäure
Salz
Fett

---

500 g Hirse · 1 TL Backpulver · 300 ml Sojamilch
6 EL Ahornsirup · 1 Prise Salz
100 ml Mineralwasser mit Kohlensäure · Fett für das Waffeleisen

---

Die Hirse fein mahlen, mit dem Backpulver vermischen und mit allen Zutaten außer dem Mineralwasser zu einem flüssigen Teig verrühren. Mindestens eine halbe Stunde quellen lassen. Das Eisen vorheizen und direkt vor dem Backen zum Auflockern das Mineralwasser in den Teig rühren. Das Eisen einfetten und die Waffeln knusprig backen.
Dazu schmeckt Obst, und wer es verträgt, kann dazu Sahne reichen.

Tip: Am besten eignet sich Butter zum Einfetten von Kuchenformen und Waffeleisen. Bei Zimmertemperatur gelagert kann man das weiche Fett gut mit einem Backpinsel in die Riffeln des Eisens streichen. Wer keine Butter verträgt, sollte es einmal mit »Vitagen Pflanzenfett« versuchen. Eine dritte Möglichkeit ist Öl.
Es ist nicht ganz einfach, das flüssige Öl in der oberen Hälfte des aufgeklappten Waffeleisens zu plazieren. Deshalb: Zuerst die untere Hälfte einpinseln, den Teig einfüllen, die obere Hälfte pinseln und ganz schnell zuklappen, bevor alles Öl heruntergelaufen ist.

Nußwaffeln

NÜSSE
HIRSE
BUTTER
EIER
MILCH
AHORNSIRUP
MINERALWASSER MIT KOHLENSÄURE

---

200 g Nüsse (ohne Schalen gewogen) · 300 g Hirse
100 g Butter · 2 Eier · 300 ml Milch · 8 EL Ahornsirup
150 ml Mineralwasser · Fett für das Eisen

Die Nüsse fein raspeln und die Hirse mahlen. Mit einer Gabel mit der Butter und den Eiern vermengen. Die Milch und den Ahornsirup darunterrühren und mindestens 15 Minuten quellen lassen. Das Waffeleisen vorheizen und mit einem Backpinsel einfetten. Direkt vor dem Backen das Mineralwasser in den Teig rühren. Das Eisen füllen und die Waffeln goldgelb backen.
Die Auswahl der Nüsse richtet sich natürlich danach, welche Sorte Sie am besten vertragen. Sonst sind der Phantasie keine Grenzen gesetzt.

Vorsicht bei Nußallergien!

Biskuit-Erdbeer-Torte

BRAUNER ZUCKER
EIER
HIRSE
SAHNE
ERDBEEREN
FETT FÜR DIE FORM

---

125 g brauner Zucker · 5 Eidotter · 5 Eiweiß
175 g Hirse · Fett für die Form
2 kleine Becher Schlagsahne · 350 g Erdbeeren

Die Eier teilen. Den Zucker und die Eidotter zusammen schaumig rühren. Das Eiweiß zu Schnee schlagen. Die Hirse fein mahlen, in ein Sieb schütten und über der Zucker-Eigelb-Masse verteilen. Darauf den Eischnee geben und langsam und vorsichtig mit dem Schneebesen unterheben. In einer gefetteten Springform gleichmäßig verteilen und bei 175 °C 25 Minuten backen. Wenn nach ca. 10 Minuten erste Bräunung eingetreten ist, die Form abdecken (etwa mit einem Pizzateller oder -blech). Ob der Boden gar ist, kann man durch Einstechen mit einem Zahnstocher feststellen. Nicht garer Teig aus der Mitte bleibt daran hängen.
Den fertigen Boden aus der Form nehmen und abkühlen lassen. In der Mitte durchschneiden, das Unterteil mit Sahne bestreichen, mit Erdbeeren belegen und das Oberteil daraufklappen. Etwas Sahne und Erdbeeren zum Garnieren zurückbehalten. Wenn man die Torte rundum mit Sahne bestreichen will, braucht man 3 große Becher.

Tip: Verwenden sie zum Bestreichen ein grobes Sägemesser, das gibt ein schönes Muster.

Biskuitrolle

Sojamilch
Tofu
Öl
Weizenvollkornmehl
Brauner Zucker
Backpulver
Schlagsahne
Früchte nach Wahl

Es mag Sie erstaunen, aber dieser Kuchen gelingt mit Vollkornmehl besser als mit weißem Mehl. Das liegt daran, daß Vollkornmehl nicht klumpt. Dadurch, daß es gröber ist, bildet es kleine Poren, die den Biskuit locker machen.

---

120 g Tofu · 300 ml Sojamilch · 8 EL Öl
100 g brauner Zucker · 175 g Weizenvollkornmehl
2 TL Backpulver · Pergamentpapier für das Blech
200 ml Schlagsahne · 350 g Früchte der Saison

Das Gelingen dieses Kuchens hängt wesentlich davon ab, die einzelnen Arbeitsschritte streng einzuhalten. Es ist wichtig, alle nötigen Zutaten und Geräte vorher bereitzustellen.

Zur Vorbereitung: Weizen mahlen, alle anderen Zutaten abwiegen oder abmessen. Das Mehl mit dem Backpulver und dem Zucker mischen. Ein Backblech mit Back- oder Pergamentpapier auslegen, an den Ecken falten, so daß es sich dem Blech angleicht. Ein Küchensieb und einen Schneebesen bereitlegen. Ofen auf 175 °C vorheizen.
Den Tofu mit dem Mixstab zerkleinern oder mit einer Gabel fein zerdrücken. Mit der Sojamilch zusammen in eine Schüssel geben und mit den Schneebesen des Handmixers auf schnellster Stufe rühren. Es entsteht sehr schnell ein riesiger Schaumberg, der sich aber ebenso schnell auflöst. Durch tropfenweises Zugeben des Öles unter ständigem Rühren wird der Schaum

beständiger. Und nun kommt die kritische Phase: Den Schaum auf die Zucker-Mehl-Mischung geben und mit dem Schneebesen unterheben. Man muß zügig, aber sehr vorsichtig arbeiten, damit der Sojaschaum nicht in sich zusammenfällt. Deshalb niemals mit dem Schneebesen auf den Schüsselrand schlagen. Den flüssigen Teig sofort auf dem vorbereiteten Blech verteilen. In den vorgeheizten Ofen schieben und bei 200 °C 10–15 Minuten backen.
Dieser Biskuit wird nicht so braun, wie Sie es von einem normalen vielleicht gewöhnt sind. Prüfen Sie durch einen Stich mit dem Zahnstocher, ob er gar ist. Nicht garer Teig bleibt hängen. Wenn der Kuchen gar ist, zeigt sich am Zahnstocher keine Spur. Den fertigen Biskuit mit dem Papier vom Blech heben und auf ein sauberes Küchentuch stürzen. Das Papier mit Wasser einpinseln, bis es aufweicht und sich leicht abziehen läßt. Nun den Kuchen mit dem Tuch zusammen einrollen und auskühlen lassen. Sobald er kalt geworden ist, den Biskuit wieder aufrollen und mit Schlagsahne und Früchten der Saison füllen. Der Biskuitboden läßt sich nur einrollen, solange er frisch aus dem Ofen kommt und warm ist.

Hinweis: Wenn Sie ein stark parfümiertes Waschmittel verwenden, kann es sein, daß der Kuchen nach dem frisch gewaschenen Handtuch schmeckt. Ein Grund mehr, sich für ein Produkt ohne Duftstoffe zu entscheiden.
Natürlich kann man auch aus dem Hirseteig eine Rolle und aus dem Sojateig eine Torte herstellen. Für einen flachen Obsttortenboden in der entsprechenden Form braucht man nur die Hälfte des Teiges.

Kirschenmichel

MAIS
MILCH
EIER
BUTTER
HONIG
KIRSCHEN

---

200 g Maisgrieß · 250 ml Milch · 4 Eier · 80 g Butter
3 EL Honig · 500 g Kirschen · Fett für die Form

Die Milch aufkochen und den Maisgrieß einrühren. Auf der ausgeschalteten Kochplatte ausquellen und langsam erkalten lassen. Die Kirschen entkernen. Die Eier teilen. Eidotter, Butter, Honig und Kirschen unter den Grießbrei mischen. Eine Form fetten und den Backofen auf 200 °C vorheizen. Das Eiweiß schlagen und den Eischnee langsam und vorsichtig mit dem Schneebesen unterheben. Nie mit dem Schneebesen auf den Schüsselrand schlagen. Dadurch fällt der Eischnee zusammen. Den Teig in die vorbereitete Form füllen und bei 200 °C 40 Minuten backen.

Eistüten 1

SOJA
BRAUNER ZUCKER
MARGARINE
BUCHWEIZEN
FETT

Sicher haben Sie sich schon mal darüber geärgert, daß es keine glutenfreien Eistüten gibt, und Eier und Milch enthalten die meisten auch. Hier ein Rezept, wie Sie die Tüten selber backen können. Leider muß man sich dazu unbedingt ein spezielles Hörnchenwaffeleisen anschaffen, denn in einem normalen Eisen gelingen die Waffeltüten nicht. Aber besonders wenn Sie Kinder haben, sollten Sie sich überlegen, ob sich eine solche Investition nicht lohnt.

---

60 ml Sojamilch · 60 g brauner Zucker · 60 g Margarine
80 g Buchweizenmehl · Fett für das Eisen

Die Sojamilch erwärmen und Zucker und Margarine darin auflösen. Das Mehl mit dem Handmixer in die warme Flüssigkeit einrühren. Ein Hörncheneisen anheizen, gut einfetten und den Teig darin zu Waffeln backen. Je nach Größe des Eisens reichen 1 bis 2 Eßlöffel Teig pro Hörnchen. Die Waffeln sofort, wenn sie aus dem Eisen kommen, zu Eistüten rollen. Sie müssen noch ganz heiß sein. Beim Erkalten erstarren sie dann in der gerollten Form. Man braucht etwas Übung zum Rollen; besonders gut geht es mit chinesischen Eßstäbchen, aber ein Kochlöffelstiel tut es auch.

Eistüten 2

Wasser
Brauner Zucker
Margarine
Weizen

---

60 ml Wasser · 60 g brauner Zucker · 60 g Margarine
100 g Weizenmehl Type 405 · Fett für das Eisen

Die Zubereitung entspricht der im vorhergehenden Rezept.

Rührkuchen

Hirse
Wasser
Buchweizen
Butter
Brauner Zucker
Eier
Backpulver

---

180 g Hirse · 180 ml Wasser · 100 g Buchweizen
2 TL Backpulver · 175 g Butter
100 g brauner Zucker · 2 Eier · Fett für die Form

Hirse und Buchweizen getrennt fein mahlen. Das Wasser erhitzen und die Hirse einrühren. 15 Minuten quellen lassen. Inzwischen Butter, Zucker und Eier zusammen mit dem Handmixer cremig rühren. Das Backpulver unter das Buchweizenmehl mischen und alle Zutaten gut verrühren. Eine Form fetten und den Teig einfüllen. Den Ofen auf 180 °C vorheizen und den Kuchen 70 Minuten backen. Die Form mit einem geeigneten Blech oder Alufolie abdecken, sobald der Kuchen zu dunkel wird.

Achtung: Backpulver enthält oft Phosphat, das Ihnen Probleme bereiten könnte. Sie können sich Ihr eigenes Backpulver mischen aus Weinstein und Natron (kann Gluten enthalten). Für Rührkuchen und Nußkuchen benötigen sie jeweils 3 gestrichene TL. Statt Natron kann man Kaliumbikarbonat ($KHCO_3$) verwenden. Man bekommt diese »Chemikalien« günstig in der Apotheke. Zur Aufbewahrung empfiehlt sich ein dicht verschließbares Behältnis, da besonders Kaliumbikarbonat Wasser anzieht und in normalem »Küchenklima« schnell zu einem feuchten Klumpen wird.

Nußkuchen

MARGARINE
BRAUNER ZUCKER
WASSER
WEIZEN
BACKPULVER
HASELNÜSSE

---

250 g Margarine · 300 g brauner Zucker · 250 ml Wasser
400 g Weizenmehl Type 1050 · 2 Päckchen Backpulver
200 g Haselnüsse · Fett für die Form

Margarine, braunen Zucker und etwa die Hälfte des Wassers zu einer schaumigen Masse schlagen. Die Nüsse fein raspeln und mit Mehl und Backpulver vermischen. Mit dem restlichen Wasser unter die Masse heben. Den Backofen vorheizen. Eine Form fetten und den Teig einfüllen. Bei 175 °C ca. 1 Stunde lang backen.

Achtung: Backpulver enthält oft Phosphat, das Ihnen Probleme bereiten könnte. Sie können sich Ihr eigenes Backpulver mischen aus Weinstein und Natron (kann Gluten enthalten). Für Rührkuchen und Nußkuchen benötigen sie jeweils 3 gestrichene TL. Statt Natron kann man Kaliumbikarbonat ($KHCO_3$) verwenden. Man bekommt diese »Chemikalien« günstig in der Apotheke. Zur Aufbewahrung empfiehlt sich ein dicht verschließbares Behältnis, da besonders Kaliumbikarbonat Wasser anzieht und in normalem »Küchenklima« schnell zu einem feuchten Klumpen wird.

Eingeweckter Kuchen

Rührkuchen und Nußkuchen kann man auch einwecken und als Dauerkonserve vorrätig halten, z. B. wenn man in Urlaub fährt. Dazu braucht man spezielle »Sturzgläser«, die eine gerade Innenwand ohne Absatz haben. Wenn Sie Halblitergläser verwenden, bekommen Sie von einem Rezept etwa drei bis vier Kuchen. Die sauberen Gläser wie eine Kuchenform gut ausfetten und zur Hälfte mit dem Teig füllen. Er braucht Platz zum Aufgehen. Gummiring und Deckel auflegen und das Glas mit einer Spange verschließen. Die Gläser in eine mit Wasser gefüllte Grillpfanne in den Backofen stellen. Nun den Kuchen nach den Angaben des Rezeptes backen. Die Gläser abkühlen lassen und die Spangen erst am nächsten Tag entfernen. Wegen der langen Backzeit verkleben die Gummiringe leicht. Hier hilft ein Weckglasöffner mit Drahtschlinge.

Körnerschnitten

HONIG
BUTTER
WEIZEN
SALZ
KÜRBISKERNE
SONNENBLUMENKERNE
MANDELN

Dieses Rezept hat der Steinheimer Vollkornbäcker Markus Werner beigesteuert. Er nennt es ein 1-2-3-Rezept: 1 Teil Honig, 2 Teile Butter, 3 Teile Mehl. Die Menge reicht mindestens für zwei Haushaltsbleche. Man kann sie natürlich auch entsprechend reduzieren.

Für den Boden:

250 g Honig · 500 g Butter
750 g Vollkornweizenmehl · 1 Prise Salz

Butter und Honig zu einer glatten Masse verrühren. Mit einer großen Gabel das Vollkornmehl darunterarbeiten. Auf zwei Blechen dünn ausrollen und bei 200 °C 15 Minuten vorbacken.

Für den Belag:

300 g Butter · 350 g Honig
600 g Kürbiskerne oder Sonnenblumenkerne oder Mandelblätter

Kürbiskerne oder Sonnenblumenkerne müssen einige Minuten ohne Fett in einer schweren Pfanne angeröstet werden, bis sie leicht bräunen und würzig riechen. Mandeln kann man ohne Vorbehandlung verarbeiten.
Die Butter und den Honig zusammen in einer Pfanne erhitzen und etwas eindicken. Die Kerne darunterrühren und die Masse auf dem vorgebackenen Boden verteilen. 10 Minuten bei 220 °C fertigbacken, wenn möglich nur mit Oberhitze.

Schmalzgebäck

SCHWEINESCHMALZ
BRAUNER ZUCKER
SOJAMILCH
WEIZEN

150 g Schweineschmalz · 200 g brauner Zucker
50 ml Sojamilch · 350 g Weizen · Schmalz für das Blech

Schmalz, braunen Zucker und Sojamilch zusammen mit den Schneebesen des Handrührgerätes mixen. Den Weizen fein

mahlen. Mit den übrigen Zutaten verkneten, so daß ein fester, geschmeidiger Teig entsteht. Etwa 1 Stunde im Kühlschrank ruhen lassen.
Ein Backblech sorgfältig mit Schmalz einfetten, ein Brett mit Mehl bestäuben und den Teig mit einem Nudelholz dünn ausrollen. Ausstechförmchen in Mehl eintauchen und Plätzchen ausstechen. Auf das Blech setzen und bei 170 °C 15 bis 20 Minuten backen.
Besonders Eilige können aus dem Teig eine dicke Rolle formen, davon Scheiben abschneiden und diese als »Schmalztaler« backen. Da sie meist etwas dicker werden als Ausstechplätzchen, brauchen sie mindestens 5 Minuten länger.
Man kann die Plätzchen nach Belieben mit Sonnenblumenkernen, Mohn, Sesam oder gehackten Nüssen verzieren. Am besten schmecken sie, wenn sie einige Zeit durchgezogen sind. Zum Aufbewahren eignen sich große Blechdosen.
Achtung: Ungewürztes Schweineschmalz beim Metzger kaufen. Abgepacktes Schweineschmalz aus dem Supermarkt ist oft von minderer Qualität und eine geschmackliche Katastrophe.

Buttergebäck

Eier
Brauner Zucker
Butter
Hirse
Buchweizen

---

3 Eier · 200 g brauner Zucker · 150 g Butter · 375 g Buchweizen
425 g Hirse · Fett für das Blech · 1 Ei zum Bepinseln

Die Butter bei Zimmertemperatur geschmeidig werden lassen. Hirse und Buchweizen fein mahlen und bereitstellen. Butter,

Zucker und Eier mit den Schneebesen des Handrührgerätes zu einer Creme schlagen. Das Mehl einarbeiten, anfangs mit den Schneebesen, später mit den Händen kneten. Etwas Mehl für das Backbrett zurückbehalten.
Ein Backblech sorgfältig mit Butter einfetten. Den Teig auf einem bemehlten Brett so dünn wie möglich ausrollen und mit Förmchen ausstechen. Man kann auch Taler von der Rolle abschneiden oder kleine Brezeln formen. Die Plätzchen mit einem Backpinsel mit Ei einpinseln. Bei 170 °C 15–20 Minuten backen. Die Backzeit richtet sich nach der Dicke der Plätzchen.

Sesamhäufchen

SESAM
EIWEISS
HONIG

---

4 Eiweiß · 3 EL Honig · 300 g Sesam · Fett für das Blech

Das Eiweiß mit den Schneebesen des Handrührers steif schlagen, den Honig darunterrühren und den Sesam unterziehen. Ein Backblech gut fetten und mit einem Teelöffel kleine Häufchen daraufsetzen. Bei 175 °C 10 Minuten backen.
Die Plätzchen sind etwas feucht, wenn sie aus dem Ofen kommen. Innerhalb von 2 bis 3 Tagen trocknen sie aus und können dann in Dosen einige Zeit aufbewahrt werden.

Crêpes

Die Idee zu diesem Kapitel habe ich aus unserem letzten Frankreichurlaub mitgebracht. Fasziniert beobachtete ich in den kleinen Crêperies die Bäckerinnen und Bäcker, die mit gekonntem Schwung den Teig auf ihre großen Platten strichen. Und wie die Crêpes schmeckten ... süß mit Marmelade oder Kompott, herzhaft mit Ei, Tomaten, Schinken, Meeresfrüchten oder Andouille, der köstlichen Kaldaunenrauchwurst der Bretagne. Dazu gab es Cidre aus dicken Steinguttassen. Die süßen Crêpes ähnelten denen, die es auch bei uns immer öfter an Straßenständen gibt. Die herzhaften waren etwas anders. Wie immer im Urlaub, rückten wir der Speisekarte mit dem Wörterbuch zuleibe und erfuhren, daß sie aus Buchweizen bestehen.
»Buchweizen ... das wäre was für dein Kochbuch«, sagte ich mir, und weiter: »Es muß doch möglich sein, diese Köstlichkeit auch mit Gerätschaften einer deutschen Küche herzustellen!« Ich versorgte mich mit Informationen und Buchweizenmehl und begab mich zu Hause in meine »Hexenküche«, wo sich nach einigen Versuchen herausstellte: Es geht!
Man braucht: Eine möglichst große, schwere Pfanne mit ebenem Boden, kein Teflon. Ein gutes großes Wendemesser, einen Lappen aus Leinen oder Baumwolle, eine Teigschüssel, eine Suppenkelle, einen Löffel zum Verteilen des Teiges in der Pfanne. Besser geht es mit einem speziellen Teigschieber, den man sich aus zwei Rundhölzern auch selber basteln kann (ein Rundholz, 10 mm Durchmesser, 14 cm lang, ein Rundholz, 5 mm Durchmesser, 16 cm lang). In die Mitte des stärkeren Holzes ein 5 mm dickes Loch bohren und das dünne Holz

T-förmig hineinstecken. Zuerst mit einem dünneren Bohrer vorbohren, dann einen 5-mm-Bohrer verwenden. Das dünne Holz wird so fest sitzen, daß man es nicht verleimen muß.
Buchweizenmehl muß man im Reformhaus besorgen, die ganzen Körner gibt es inzwischen sogar im Supermarkt. Das auf einer Haushaltsmühle gemahlene Mehl aus Buchweizen kommt dem handelsüblichen französischen sehr nahe.
Ich habe verschiedene Teigrezepte zusammengestellt, mit und ohne Ei, aus Weizen und glutenfrei. Dazu gibt es verschiedene Füllungen zum Variieren.

Das Crêpe-Backen

Gebacken werden die Crêpes immer gleich, egal welchen Teig Sie wählen. Eines der Geheimnisse ist die Butter. Die Profis tragen sie mit einem Lappen dünn auf ihre Platte auf. In der Pfanne braucht man etwas mehr, ein nicht ganz walnußgroßes Stück pro Crêpe. Bei mittlerer Hitze zerlaufen lassen und die Pfanne damit ausschwenken. Sie soll überall benetzt sein, die Crêpe darf aber nicht darin schwimmen. Eine Suppenkelle voll Teig in die Pfanne geben und zügig mit einem großen Löffel oder dem selbstgebastelten Teigschieber mit kreisenden Bewegungen verteilen. Nun gilt es, den richtigen Moment zum Wenden abzupassen. Wenn die Unterseite nach einigen Minuten gar ist, löst sie sich leicht von der Pfanne. Wer es zu früh versucht, wird keinen Erfolg haben. Die Crêpe umdrehen, auch von der anderen Seite bräunen, zuerst mit Butter und dann mit der Füllung bestreichen und zusammenschlagen. Man kann die Füllung auf die eine Seite streichen und die andere darüberschlagen. Oder man gibt einen Löffel Füllung in die Mitte und klappt die Ränder von allen vier Seiten her darüber. Die gefüllte Crêpe noch einmal umdrehen und wärmen, dann auf einen Teller geben und servieren.

Da die Pfanne für jede neue Crêpe sauber und ohne Krümel sein soll, empfiehlt es sich besonders für Anfänger, sie nach jedem Backvorgang mit einem Tuch aus Baumwolle oder Leinen auszureiben. Wenn man sie dann jedesmal sorgfältig mit Butter ausschwenkt, wird es bei fortschreitender Übung keine Krümel mehr geben.
Falls Sie keine Butter vertragen, probieren sie Butterschmalz. Da es sich dabei um das reine Fett der Butter handelt, dem alles Eiweiß entzogen ist, vertragen es viele Menschen, die mit Milch ihre Schwierigkeiten haben. Der letzte Ausweg heißt dann Pflanzenfett. Das darf etwas höher in der Pfanne stehen als die Butter. Die Crêpes werden darin zwar nicht ganz so sanft gebräunt, und es fehlt der original bretonische Buttergeschmack, aber bevor Sie ganz auf diese Köstlichkeit verzichten …
Der einzige Nachteil dieses Gerichtes: Einer muß immer am Herd stehen und backen, während die anderen essen. Aber vielleicht kann man sich ja abwechseln.

Ein wichtiger Tip: Beim Füllen sehr vorsichtig sein, da die Füllung die Pfanne verklebt. Das Pfannenmesser sollte auch nicht damit in Berührung kommen.

Buchweizen-Crêpes 1

Buchweizen
Wasser
Ei
Salz
Butter oder Butterschmalz

---

500 g Buchweizen · 2 Eier · etwa 600 ml Wasser · Salz
viel Butter oder Butterschmalz für die Pfanne

Den Buchweizen fein mahlen, mit den Eiern, einer Prise Salz und ein wenig Wasser verkneten. Der Teig soll fest sein und sich von den Händen lösen. Mindestens 10 Minuten kräftig kneten. Nur durch Kneten mit den Händen entsteht ein glatter Teig. Rühren alleine genügt nicht, er wird dann grobporig und läßt sich nicht dünn genug backen. Das restliche Wasser portionsweise mit dem Handrührgerät unterrühren. Es muß ein cremiger, glatter Teig entstehen, der dünn wie Vanillesauce ist. Nach der Anweisung auf Seite 173 backen.

Buchweizen-Crêpes 2

Buchweizen
Wasser
Salz
Butter oder Butterschmalz

---

500 g Buchweizen · 1 l Wasser · 1 Prise Salz
Butter oder Butterschmalz zum Backen

Nach obigem Rezept zubereiten.

Wer auch kein Butterschmalz verträgt, nimmt zum Braten Pflanzenfett.

Weizen-Crêpes

WEIZENMEHL
WASSER
SALZ
PFLANZENFETT

---

500 g Weizen · 800 ml Wasser · 1 TL Salz
Pflanzenfett zum Backen

Den Weizen fein mahlen, die Hälfte des Wassers zugeben und mit den Knethaken des Handmixers mindestens 5 Minuten durcharbeiten. Den Rest des Wassers dazugeben und weitere 5 Minuten mit den Schneebesen schlagen. Backen wie auf Seite 173 angegeben.

Kastanien-Crêpes

KASTANIENMEHL
MAISMEHL
EI
SALZ
WASSER

---

500 g Kastanienmehl (zu bestellen bei Hammermühle,
Adresse auf Seite 183)
200 g Maismehl · 2 Eier · 1 l Wasser · 1 TL Salz

Kastanienmehl, Maismehl, Eier, Salz und die Hälfte des Wassers zu einem festen Teig verkneten. Mindestens 5 Minuten mit den Händen durcharbeiten. Den Rest des Wassers dazugeben und mit dem Handmixer zu einem dünnflüssigen Teig verquirlen. Ausbacken.

Wer keinen Weizen verträgt, hat mit diesem Rezept eine tolle Abwechslung zu den etwas herben Buchweizen-Crêpes. Das Kastanienmehl schmeckt von sich aus sehr süß und eignet sich daher besonders für Marmeladenfüllungen. Wer den Kontrast liebt, kann die Kastanien-Crêpes aber auch herzhaft zubereiten.

Crêpe-Füllungen

Es empfiehlt sich, jeweils mehrere Füllungen bereitzuhalten, so daß sich jeder sein eigenes Crêpe-Menü zusammenstellen kann. Nie zuviel Füllung in eine Crêpe geben. Ein großer Eßlöffel genügt meist. Folgende Rezepte eignen sich:

- alle Marmeladen (siehe Seite 130 ff.), besonders gut paßt das Pflaumenmus zu dem herben Buchweizengeschmack.
- Leberwurst (siehe Seite 125)
- Maronenmus (siehe Seite 127)
- viele der kalten Saucen und Dips,
- frisches Obst der Saison, eventuell mit Sahne,
- Käse nach Wahl.

Tomaten- oder Gemüsefüllung

Tomaten
Speck
Zwiebeln
Pfeffer
Salz

---

100 g Speck · 2 mittlere Zwiebeln · 2 Fleischtomaten
1 Prise Pfeffer · 1 Prise Salz

Den Speck in Würfel schneiden, die Zwiebeln schälen und ebenfalls würfeln. Die Tomaten überbrühen, schälen und alle grünen Teile entfernen.
Den Speck anbraten, die Zwiebeln und etwas später die Tomaten dazugeben. 5–10 Minuten köcheln lassen, bis das Ganze etwas eindickt, würzen.

Gemüsefüllung nach Wunsch

Nach diesem Rezept können Sie auch leckere Gemüsefüllungen mit Auberginen, Zucchini oder Paprikaschoten herstellen, wobei diese Gemüse eine etwas längere Garzeit benötigen. Sehr gut schmecken sie auch alle zusammen mit Tomaten gemischt (wie beim französischen Ratatouille). Falls Sie Knoblauch vertragen, sollten Sie unbedingt eine oder mehrere Zehen, gehackt und mit etwas Salz zerdrückt, beifügen. Und eine Prise Thymian oder wahlweise Oregano bzw. Basilikum – je nach Verträglichkeit – runden den Geschmack aufs feinste ab. Speck brauchen Sie dabei nicht unbedingt, wenngleich er das Ganze noch pikanter macht. Sonst nehmen Sie zum Andünsten ein gutes Pflanzenöl.

Tomatenfüllung einfach

Tomaten
Pfeffer
Salz

---

2 bis 3 Tomaten · Pfeffer · Salz

Die Tomaten überbrühen, schälen, alle grünen Teile abschneiden und würfeln. Die Crêpes dünn damit belegen, würzen und zuklappen. Vor dem Servieren noch einmal gut durchwärmen.
Nach Belieben mit gehackten Kräutern wie Petersilie, Basilikum oder Schnittlauch bestreuen.

Weiterführende Literatur

Günter Vollmer, Gunter Josst, Dieter Schenker, Wolfgang Sturm, Norbert Vreden:
Lebensmittelführer Obst, Gemüse, Getreide, Brot, Wasser, Getränke. Lebensmittelführer Fleisch, Fisch, Eier, Milch, Fett, Gewürze, Süßwaren.
Erschienen bei dtv in Zusammenarbeit mit dem Georg Thieme Verlag, 1990
Beide Bände sind als Taschenbücher erschienen. Sie enthalten ausführliche Angaben über Inhalte, Zusätze, Rückstände und die Produktionsprozesse einer sehr großen Palette von Lebensmitteln im Überblick. Weiterhin bieten sie einen Leitfaden über Zusatzstoffe und Verordnungen. Informativ, obwohl nicht speziell für Allergiebetroffene geschrieben. Gut geeignet zum Nachschlagen. Die Autoren haben sich bemüht, auch für Laien verständlich zu schreiben. Das ist nicht immer geglückt. Manchmal ist die Lektüre etwas anstrengend.

Arbeitsgemeinschaft Allergiekrankes Kind: *ABC der Ernährung – Informationen für Eltern allergisch veranlagter Kinder.*
Diese Loseblattsammlung ist zu beziehen über die Arbeitsgemeinschaft Allergiekrankes Kind (Adresse siehe Seite 182).
Die Sammlung ist uneingeschränkt allen, die Probleme mit Lebensmittelallergien haben, zu empfehlen. Auch Erwachsenen. Übersichtlich nach Themen eingeteilt äußern sich Betroffene. Sie haben die einzelnen Kapitel zusammen mit Fachleuten erarbeitet. Die Beiträge sind fundiert und trotzdem allgemeinverständlich und praxisorientiert. Am Ende jedes Kapitels befindet sich eine umfassende Literaturliste.

Andrea Betz: *Zöliakie, na und?*
erschienen 1991 im Georg Thieme Verlag, Stuttgart
Die selbst von der Krankheit betroffene Autorin umreißt das

Krankheitsbild und gibt wertvolle Ratschläge und Rezepte für eine möglichst »normale« Ernährung in allen Alltagssituationen. Fundiert und allgemeinverständlich.

Aufstellung glutenfreier Lebensmittel
Wird von der *Deutschen Zöliakie-Gesellschaft* jährlich auf den neuesten Stand gebracht und enthält Namen und Markenbezeichnung von Lebensmitteln, für die die Hersteller Glutenfreiheit garantieren. Teilweise auch Angaben über Lactose (= Milchzucker). Praktisches Heftformat, leistet unschätzbare Dienste beim täglichen Einkauf.
Bezugsadresse siehe Seite 182.

Ada Pokorny: *Backen von Brot und Gebäck aus allen 7 Getreidearten mit dem Spezial-Backferment.*
Herausgegeben durch den Arbeitskreis für Ernährungsforschung e.V., 75378 Bad Liebenzell-Unterlengenhardt, Zwerweg 19, 3. Auflage 1989
Enthält alle nur denkbaren Informationen zum Sekowa-Backferment, viele Rezepte, darunter auch glutenfreie.

Dr. Anne Calatin: *Die Rotationsdiät. Diagnose und Hilfe bei Nahrungsmittelallergien.*
Wilhelm Heyne Verlag, München
Dieses Buch kann helfen, Ursachen einer Nahrungsmittelallergie herauszufinden und zu verstehen. Es bietet wertvolle praktische Hinweise und Rezepte.

Von Koerber, Männle, Leitzmann: *Vollwerternährung, Konzeption einer zeitgemäßen Ernährungsweise.*
Haug Verlag, Heidelberg, 8. Auflage 1994
Es werden umfassende Informationen über gesundheitliche, gesellschaftliche und ökologische Hintergründe der Vollwerternährung geboten. Nicht unbedingt als Bettlektüre geeignet, da ein Fremdwörterbuch notwendig ist.

Ibrahim Elmadfa und andere:
Die große GU Nährwerttabelle, Neuausgabe 1994/95
Die große GU Vitamin- und Mineralstofftabelle, aktualisierte Neuauflage 1992
Beide Bände Gräfe und Unzer Verlag, München
Die beiden Tabellen bieten umfassende Informationen über die Inhaltsstoffe unserer Nahrungsmittel. Sie sind nicht auf Vollwerternährung beschränkt.

Rezeptsammlung der Deutschen Zöliakie-Gesellschaft
Diese Sammlung ist für Menschen geeignet, die zur Abwechslung einmal mit Fertigmehlen backen wollen. Sie enthält ausschließlich Backrezepte mit glutenfreien Spezialmehlen. Bezugsadresse siehe unten.

Natürlich glutenfrei backen und kochen
Rezeptbuch der Hammermühle
Hier finden Sie Backrezepte mit den Mehlen der Hammermühle und Kochrezepte für fertige glutenfreie Nudeln.
Bezugsadresse siehe Seite 183.

Adressen von Selbsthilfeorganisationen

Arbeitsgemeinschaft Allergiekrankes Kind (AAK) e.V.
Hilfen für Kinder mit Asthma, Ekzem (Neurodermitis) oder Heuschnupfen
Hauptstraße 29
35745 Herborn
Tel.: 02772/928730

Deutsche Zöliakie-Gesellschaft e.V.
Filderhauptstraße 61
70599 Stuttgart
Tel.: 0711/454514

Deutscher Neurodermitiker-Bund e.V.
Spaldingstraße 210
20097 Hamburg
Tel.: 040/230810

Deutscher Allergie- und Asthmabund e.V.
Hindenburgstraße 110
41061 Mönchengladbach
Tel.: 02161/183024

Bezugsquellen für spezielle Lebensmittel

Bestelladresse für Sekowa-Backferment:
Sekowa Seibold KG
Basaltstraße 8–10
61197 Florstadt
Tel.: 06035/5061

Glutenfreie Fertigmehle, Nudeln und Backwaren, Auswahl:
Hammermühle Diät GmbH,
Postfach 1164
67485 Maikammer Kirrweiler
Tel.: 06321/95890

Poensgen Diätbäckerei
Dreiersgärten 28
52249 Eschweiler
Tel.: 02403/20015-16

Firmen, die hilfreiche Listen und Informationen über die Zuammensetzung ihrer Produkte herausgeben:

Biogarten Handels-GmbH
Liebigstraße 3–5
40721 Hilden
Tel.: 02103/95030
Angaben über Gluten

Dr. Oetker
Lutterstraße 14
33617 Bielefeld
Tel.: 0521/1550
Angaben über Gluten, Milch, Hühnerei

Vitaquell Reformwaren
Pinneberger Chaussee 60
22523 Hamburg
Tel.: 040/572020
Ausführliche Informationen über Fette und Öle

Nestle Deutschland AG
Ernährungsberatung
60523 Frankfurt
Tel.: 069/6671-1
Backrezepte ohne Gluten, Angaben zu hühnerei- und milchfreien Produkten

Langnese-Iglo GmbH
Postfach 10 40 29
20027 Hamburg
Tel.: 040/50 00 105
Ausführliche Informationen über Tiefkühlkost mit Angaben zu Gluten, Hühnerei und Kuhmilch

Örtliche Verbraucherberatungsstellen der Verbraucherzentrale bieten Schlüssel zu E-Nummern der Lebensmittelzusatzstoffe. Außerdem lohnt es sich meist, sich dort nach Broschüren über den Einkauf gesunder Lebensmittel zu erkundigen.
Beratungsstellen gibt es in allen größeren Städten, die jeweilige Adresse entnehmen Sie bitte dem örtlichen Telefonbuch.

Register nach Sachgruppen

NUDELGERICHTE

FLEISCHGERICHTE

DESSERTS

BROTAUFSTRICHE

Wurst und Schmalz

Vegetarische Aufstriche

Marmeladen

BACKREZEPTE

BROT

PIZZA & CO.

SÜSSES GEBÄCK UND KUCHEN

CRÊPES

Alphabetisches Rezeptverzeichnis